精准脱贫：重庆的探索与实践
中国扶贫发展中心　组织编写

怎样回引本土人才

李博　郭荔 / 编著

中国文联出版社

图书在版编目（CIP）数据

怎样回引本土人才 / 李博，郭荔编著 . -- 北京：中国文联出版社，2021.11
ISBN 978-7-5190-4601-9

Ⅰ . ①怎… Ⅱ . ①李… ②郭… Ⅲ . ①人才管理－关系－扶贫－研究－重庆 Ⅳ . ① C964.2 ② F127.719

中国版本图书馆 CIP 数据核字 (2021) 第 110806 号

编　　著	李　博　郭　荔
责任编辑	刘　丰
责任校对	胡世勋　王　维　鹿　丹
图书设计	谭　锴
出版发行	中国文联出版社有限公司
社　　址	北京市朝阳区农展馆南里 10 号　　邮编　100125
电　　话	010-85923025（发行部）　010-85923091（总编室）
经　　销	全国新华书店等
印　　刷	北京市庆全新光印刷有限公司
开　　本	880 毫米 ×1230 毫米　1/32
印　　张	4.75
字　　数	84 千字
版　　次	2021 年 11 月第 1 版第 1 次印刷
定　　价	48.00 元

版权所有·侵权必究
如有印装质量问题，请与本社发行部联系调换

精准脱贫：重庆的探索与实践
编委会

主　　任：刘贵忠

顾　　问：刘戈新

副 主 任：魏大学　　黄长武　　莫　杰　　王光荣　　董瑞忠
　　　　　徐海波　　周　松　　罗代福　　李　清　　田茂慧
　　　　　吴大春　　马宗南

成　　员：孙元忠　　兰江东　　刘建元　　李永波　　卢贤炜
　　　　　胡剑波　　颜　彦　　熊　亮　　孙小丽　　徐威渝
　　　　　唐　宁　　蒲云政　　李耀邦　　王金旗　　葛洛雅柯
　　　　　汪　洋　　李青松　　李　婷　　牛文伟

编　　辑：赵紫东　　谭其华　　杨　勇　　胡力方　　孙天容
　　　　　郑岘锋　　刘天兰　　李　明　　郭　黎　　陈　勇

主　　编：魏大学　　周　松
执行主编：孙小丽　　牛文伟
副 主 编：赵紫东　　谭其华　　杨　勇　　陈　勇

目录

第一章·回引本土人才的政策机制

回引本土人才政策实施背景·003

促进本土人才发展的相关政策·010

回引本土人才的基本做法·013

本土人才促进地区脱贫的机制·033

第二章·脱贫攻坚中回引本土人才的经验做法

黔江区能人回乡带动产业扶贫新路子·043

铜梁区"三给"政策引本土人才回乡创业·064

武隆区发挥"兵支书"作用，带动一方脱贫·069

忠县抓实"乡情引才"促进脱贫攻坚·089

第三章 · 本土人才对脱贫攻坚的成效贡献

扶智扶志：本土人才的智力贡献 · 105

技术帮扶：本土人才的技术贡献 · 110

传帮接带：本土人才的带动贡献 · 116

第四章 · 总结与展望

回引本土人才对脱贫攻坚的作用 · 125

回引本土人才长久发展的思考 · 130

后记 · 141

第一章·回引本土人才的政策机制

为认真贯彻落实习近平总书记关于"促进乡村本土人才回流，打造一支'不走的扶贫工作队'"[1]重要指示精神，重庆市在深入调研基础上，将加强农村本土人才队伍建设作为长远之计和治本之策，指导各地大力回引本乡、本土大中专毕业生回村挂职任职、创新创业，着力从源头上破解农村优秀青壮年人才外流、推进脱贫攻坚人才匮乏等突出问题。截至2020年，全市在村挂职本土人才16325名。

---

1. 习近平总书记在十八届中央政治局第三十九次集体学习时的讲话，2017年2月21日。

回引本土人才政策实施背景

　　打赢脱贫攻坚战，进一步推进乡村振兴，关键在人。人才问题一直是困扰农村发展的核心问题，也是在脱贫攻坚过程中所表现出来的最大短板，解决好人才问题需要从制度和政策方面进一步补齐人才短板，发挥人才作用，夯实人才支撑根基，为人才发展创造良好的条件。2018年3月8日，中共中央总书记、国家主席、中央军委主席习近平在参加十三届全国人大一次会议山东省代表团全体会议时发表重要讲话，他指出："要推动乡村人才振兴，把人力资本开发放在首要位置，强化乡村振兴人才支撑，加快培育新型农业经营主体，让愿意留在乡村、建设家乡的人留得安心，让愿意上山下乡、回报乡村的人更有信心，激励各类人才在农村广阔天地大施所能、大展才华、大显身手，打造一支强大的乡村振兴人才队伍，在乡村形成人才、土地、资金、产业汇聚的良性循环。"[1]

在脱贫攻坚过程中，人才资源是促进乡村发展的重要力量，也是提升乡村发展软实力和高质量打赢脱贫攻坚战的基础。近年来，各地所实施的一系列人才新政，为打赢脱贫攻坚战提供了良好的人力支撑。从脱贫攻坚过程中人才所发挥的作用来看，人才在农村产业结构调整、农业技术推广、农村经济发展、激发内生动力、乡村治理、基层党组织建设等方面发挥着显著的积极作用，其中乡村本土人才是贫困地区群众身边的榜样，与当地有比较紧密的地缘和血缘关系，有与家乡群众比较亲近的天然优势，在当地群众中有一定的带动力和号召力，容易得到当地群众的欢迎和信任。在脱贫攻坚中，发挥好回流的乡村本土人才在脱贫攻坚中的引领和带动作用有利于推动各级党委、政府决策部署的贯彻落实，为贫困地区脱贫攻坚和长远发展注入新动力、提供新动能，也将为乡村长久振兴提供坚实的基础。

2017年2月21日，习近平总书记在十八届中央政治局第三十九次集体学习时的讲话中指出，要加强贫困村"两委"建设。"帮钱帮物，不如帮助建个好支部"。要深入推进抓党建促脱贫攻坚工作，选好配强村"两委"

---

1. 习近平总书记在参加十三届全国人大一次会议山东省代表团全体会议时的重要讲话，2018年3月8日。

班子,培养农村致富带头人,促进乡村本土人才回流,打造一支"不走的扶贫工作队"。

打赢脱贫攻坚与实施乡村振兴是我国全面建成小康社会的重要决策部署,2020年是我国完成脱贫攻坚任务的收官之年,也是实施乡村振兴战略的关键之年。实践表明,一些乡村贫困地区在发展中最大的制约因素就是人才匮乏,突出表现为人才"招不来""质量低""留不住"。这已成为阻碍乡村长久发展的主要障碍,成为困扰脱贫攻坚顺利实施的一大难题。从重庆脱贫攻坚的现实状况来看,在实施本土人才回引工程之前,乡村人才发展方面也存在一定的困境,这些困境主要表现在以下几个方面:

一是各种人才"招不来"。主要是乡镇和村庄一级难以获得符合条件并且愿意服务于乡村建设的优质人才,如拥有管理知识和经验的领导人才、拥有专业水准的技术人才等。从现实来看,贫困地区的发展需要有扎根农村、服务群众志向与情怀的本土人才,然而由于部分乡村地区经济基础薄弱、地处偏远、自然环境恶劣、基础设施落后、公共资源匮乏,而许多优秀青年人才自幼在外接受教育,毕业之后可以选择更繁华的城市、更便利的交通、更好的就业岗位、更有前途的人生规划,宁愿在城市里辛苦打拼,也不愿意到农村施展抱负。另外部分乡村贫困地区是少数民族聚居地,生活习俗、语言文字等方面的差异也构成了极大的障碍。贫困乡村一度出现"人才荒"。

二是"质量低"。只有领导会带头，村民才有奔头。村支部书记及班子成员是乡村振兴路上的"领头雁"，而现实中头雁队伍却"青黄不接"，面临视野不宽、本领恐慌、能力不足、创新意识缺乏等挑战，难以引领乡村前进发展。在脱贫攻坚中，农村实用人才、农技推广人才、农业科研人才、产业创新人才、乡土人才等存在缺口。乡村振兴需要高质量的创新型人才出谋划策、发挥当地的优势形成高效产业模式；需要高质量的经营型人才带动农村集体经济繁荣，吸纳一定数量的劳动力；需要高质量的科技型人才传授农学知识、推广生产技艺，当然更需要兼具上述才能的复合型人才。

三是"留不住"人才。镇村一级人员激励机制、培养机制、管理机制、保障机制不够完善，导致优秀青年人才心理产生落差、行动上产生懈怠，最终离开岗位导致人才流失的尴尬局面。首先，部分地区缺乏有效的人才激励机制。一些乡村注重精神激励而忽视正当的物质激励，缺乏完善的绩效考评机制和目标激励机制，使一些甘愿留在乡村吃苦奉献的人才无法获得应有的职业荣誉感、成就感、获得感和尊严感，无法提供个人成长成才的提升平台，人才发展空间无法拓展。其次，部分地区缺乏有效的人才培养机制，外地人才初到乡村，对一些业务工作并不熟悉，如果没有村干部帮带、阶段培训、田间课堂等一系列有计划有组织的培训方案，新任干部和专业人才很难在短时间内进入工作状态。同时，培养方式陈旧，缺乏必要的交流学习平台，不能适应网络化时代人才培养需要的现象也较为普遍。再次，部分地区缺乏有效的人才管理机制，在农村基层党组织，由于传统观念限制，人们往往选择年龄较长的村干部担任村支书或村主任，而新任青年干部人才往往担任村支书助理或村主任助理，村支书或村主任决定了他们的日常工作内容，工作内容分配不合理，"人尽其才"就无法实现。最后，有效的人才保障机制也是至关重要的，乡村人才振兴存在制度保障、风险保障、技术保障、政策保障、社会保障的短板。

为了有效地克服脱贫攻坚中所存在的人才问题，必须通过各种有效的措施来进一步完善人才回流机制和保障机制，从而通过人才所发挥出来的效应间接推动脱贫工程的高质量发展。为此，针对农村人才匮乏、能人难选问题，重庆印发了《关于加强农村基层本土干部人才队伍建设的通知》（渝委组〔2015〕72号）指导各地以镇街为单位定期对本乡本土大中专毕业生、外出务工经商人员等开展摸排，持续滚动回引16000多名本土人才回村挂职任职，为农村留下了一支"不走的扶贫工作队"。按不低于本村专职干部的标准，确定在村挂职本土人才的报酬待遇，出台返乡创业、大学生创业和创办小微企业等优惠政策，支持返乡人才创办小微企业、领办合作经济组织、发展农村电商等，为他们扎根农村、安心工作创造良好条件。对培养成熟、表现突出、群众公认的在村挂职本土人才，及时推荐选拔进入村"两委"班子，指导各区县拿出一定指标面向符合条件的本土人才定向招聘乡镇事业编制人员，让乡村两级干部队伍建设有了源头活水，真正实现壮乡强村。

从近年来重庆所探索的经验来看，充分发挥本土人才在脱贫攻坚中的作用，通过回引本土人才返乡就业、创业的做法有效地解决了脱贫攻坚过程中的人才短板问题，其所探索的经验和做法对于其他地区的脱贫攻坚和乡村振兴均具有一定的指导价值，其经验值得总结和推广。这不但对于进一步提升农村发展的软实力，促进乡村人才振兴发挥一定的作用，而且其所探索出来的人才发展机制对于进一步夯实农村人才队伍建设、促进农村长久振兴，奠定了坚实的基础。

本书主要围绕重庆在脱贫攻坚过程中所探索的回引本土人才的做法，通过调研获取了部分地区所探索的先进经验，这些地区所探索的经验和典型案例对于乡村人才的振兴具有一定的推动作用。探索和挖掘这些案例对于有效地总结人才所带来的发展红利和进一步出台相关的人才支持政策具有一定的基础作用，也对后扶贫时代的乡村振兴发挥着相应的指导价值。本书在阐述过程中,将通过案例和图片的形式来呈现其各个地方的先进做法,以期通过这种方式来更好地呈现重庆在脱贫攻坚中所探索的经验,从而形成具有重庆特色的脱贫经验体系。另外通过重庆所探索的回引本土人才的做法,更好地展现基层政府所探索的人才新政,从而为乡村振兴提供可靠的人才支持政策。

促进本土人才发展的相关政策

　　党的十八大以来，重庆市经济实现快速发展，吸引了不少在外就业创业的重庆人回流，全市累计回流劳动力160多万人。重庆市紧紧抓住这一机遇，针对农村特别是贫困村"两委"班子普遍老化、弱化、驻村工作队难以长留的状况，及时出台专门政策，大力实施"本土人才回引"工程。为了进一步促进本土人才的回流，重庆市各区县出台了一系列政策，从政策与制度层面促进本土人才回引，为高质量打赢精准脱贫攻坚战奠定了坚实的基础。在本土人才回引中，主要回引以下四类人才：一是重庆籍特别是原籍在农村的大学毕业生；二是在外地创业或打工、事业小有成就的本乡本土人士；三是党政机关、企事业单位的离退休干部；四是退役军人，特别是自主择业的退伍士官。对交通闭塞、基础设施落后、农民人均纯收入低于本区县平均水平的边远贫困村，学历放宽到中专（高中）。[1]

《重庆市脱贫攻坚责任制实施办法》要求：区县党委和政府应当坚持抓党建促脱贫攻坚，强化贫困村基层党组织建设，因村选派第一书记、驻村工作队、大学生村官，选优配强和稳定基层干部队伍，抓好回引本土优秀人才到村挂职、创业。[2]《关于深化脱贫攻坚的意见》提出：降低深度贫困县和乡镇的公务员、事业单位人员进入门槛，采取单设职位招考、设置一定数量职位面向当地事业编制人员和退役士官士兵招考、必要时可不设开考比例，专项招录高校毕业生，面向大学生村官、优秀村（社区）干部和优秀本土人才定向招考等政策措施，着力解决贫困乡镇急需人才问题。[3]《深化抓党建促脱贫攻坚行动方案》提出要大力培养储备村级后备力量，注重从优秀农村党员和回引本土人才中物色合适人选，加强"传帮带"，确保每个村有2名以上后备力量；以乡镇为单位每年对本乡本土大中专毕业生、外出务工经商成功人士、复员退伍军人等开展摸底调查，动态更新充实人才库，"点对点"动员回村挂职、创业，确保每个村至少1名，打造一支"不走的扶贫工作队"；对有

---

[1]. 重庆本土人才回引工程.中国扶贫,2017(5):19.
[2]. 《重庆市脱贫攻坚责任制实施办法》（渝委发〔2016〕59号）
[3]. 《关于深化脱贫攻坚的意见》（渝委发〔2017〕27号）

意愿回村挂职的，由乡镇党委公开遴选、统一考察、集体研究、择优确定。[1]《关于加强贫困村驻村工作队选派管理工作的指导意见》中提出要帮助加强基层组织建设，推动落实管党治党政治责任，整顿村级软弱涣散党组织，对整治群众身边的腐败问题提出建议，培养贫困村创业致富带头人，吸引各类人才到村创新创业，打造"不走的扶贫工作队"。[2]

重庆促进本土人才发展的相关政策还从健全创业致富带头人帮扶带动贫困户机制、加强返乡创业人才与基层科技人才培育等角度进行了细致的要求，推动脱贫攻坚工作不断向纵深推进。到2020年底，在相关政策的推动与支持下，重庆市要求一般贫困村每村培育3名以上致富带头人、深度贫困乡镇贫困村每村培育5名以上致富带头人。总体而言，重庆市全方位、多体系的本土人才回引与后续发展政策对成功实施"本土人才回引"工程做出了突出贡献，同时为持续巩固脱贫攻坚成效、确保如期全面建成小康社会起到了极大作用。

---

1. 《深化抓党建促脱贫攻坚行动方案》（渝委发〔2017〕120号）
2. 《关于加强贫困村驻村工作队选派管理工作的指导意见》，2017年12月24日。

回引本土人才的基本做法

"科教兴市、人才强市"行动计划以及"本土人才回引"工程作为重庆市政府精准高效的扶贫政策之一,在脱贫攻坚工作中起到了重要的作用。为认真贯彻落实习近平总书记关于"促进乡村本土人才回流,打造一支'不走的扶贫工作队'"重要指示精神,重庆市政府在深入调研的基础上,将加强农村本土人才队伍建设作为长远之计和治本之策,指导重庆市下辖政府采取回引本乡、本土大中专毕业生回村挂职任职、创新创业的方法,着力从源头上破解农村优秀青壮年人才外流、脱贫攻坚相关工作中人才匮乏等突出问题。

2015年,重庆市委组织部、市人力资源和社会保障局、市公务员局联合发布《关于加强农村基层本土干部人才队伍建设的通知》,各区县于下半年相继开展招聘工作。《重庆市脱贫攻坚责任制实施办法》中提到区县

2017年3月中央电视台《新闻联播》报道重庆吸引本土人才助力脱贫攻坚

党委和政府应当坚持抓党建促脱贫攻坚，强化贫困村基层党组织建设，从选派村第一书记、驻村工作队、大学生村官做起，通过选优配强，保障形成稳定的基层干部队伍。[1]《深化抓党建促脱贫攻坚行动方案》中提出要大力培养储备村级后备力量，通过从优秀农村党员和回引本土人才中物色合适人选，加强"传帮带"的建设，确保每个村有2名及2名以上后备力量的储备。[2] 以乡镇为单位每年对本乡本土大中专毕业生、外出务工经商成功

---

1. 《重庆市脱贫攻坚责任制实施办法》（渝委发〔2016〕59号）
2. 《深化抓党建促脱贫攻坚行动方案》（渝委发〔2017〕120号）

人士、复员退伍军人等开展摸底调查，动态更新充实人才库，"点对点"动员回村挂职、创业，确保每个村至少1名后备人才，打造一支"不走的扶贫工作队"。全市对有意愿回村挂职的人才，由乡镇党委公开遴选、统一考察、集体研究、择优确定。2017年8月11日，重庆市委召开常委会议，专题研究深化脱贫攻坚工作。会上市委书记陈敏尔强调："全市各级政府要把扶贫工作力量配备好，深入推进党建促脱贫攻坚工作，分类精准选派第一书记、驻村工作队，培养农村致富带头人，促进乡村本土人才回流。"[1]在此过程中，涌现出了一批典型的案例。

2019年，北碚区从市级部门选派驻村工作队第一书记2名，从区级行业部门选派12名驻村干部，对软弱涣散基层党组织常态化开展整顿，选好配强村"两委"班子，调整补充村党组织书记6名，回引农村本土人才171人。落实帮扶干部1200余人，38户未脱贫户分别由"1名区领导+1名区级部门主要负责人"共同帮扶，帮扶干部每月入户走访，通过送技术、送信息、送政策、送岗位等帮助贫困户脱贫致富。[2]

2019年巴南区制定了《巴南区关于进一步激励广大

---

1. 陈敏尔在重庆市委常委会议上的讲话，2017年8月11日。
2. 《北碚区2019年脱贫攻坚工作情况》

巴南区养蜂脱贫的村民

北碚区召开脱贫攻坚驻村工作队动员部署会

干部新时代新担当新作为的若干措施》《农村带头人队伍整体优化提升行动方案》，对脱贫攻坚一线干部给予更多支持和激励。通过基层党组织建设，健全村党组织书记定期回访研判机制，配齐配强贫困村"两委"班子，强化党务村务公开，培养储备村级后备干部336名，积极回引本土人才198名返乡创新创业，着力打造了一支"不走的扶贫工作队"。[1]

2019年綦江区着眼解决贫困户不愁吃、不愁穿等基本问题，积极扶持有劳动能力的贫困户就业创业，打造返乡创业园6个、扶贫车间6个，开展"菜单式"技能培训37期，培训建卡贫困劳动力951人，培养和回引本土人才282名、新型职业农民5900人，转移就业1756人，开发公益性岗位，安置1047名贫困劳动力就业，对确无劳动能力群众实施政策兜底，做到应兜尽兜。[2]

2019年大足区调优配强22个镇街领导班子，对全区309个村级党组织进行综合研判，9个脱贫村调整"两委"干部2人，保障每村有1名本土人才、2名后备干部。采取区领导包村、部门结对、干部蹲点和下派第一书记等措施，扎实开展整顿，切实强化村级党组织政治功能。坚持把脱贫攻坚实绩作为选拔使用干部的重要依

---

1. 《巴南区2019年脱贫攻坚工作情况》
2. 《綦江区2019年脱贫攻坚工作情况》

綦江区扶贫车间的贫困户熟练地进行配件初加工

大足区铁山镇在脱贫攻坚健康扶贫行动中出实招

据，提拔使用实绩突出的干部。[1]

2019年铜梁区制定了乡村组织振兴试验示范区建设方案，将5个市级脱贫村列为乡村振兴示范点，调整选派市级脱贫村驻村工作队员27名，回引农村本土人才600名。常态化全覆盖办好"新时代文明实践中心（站所）"，通过积分奖励机制调动群众改善人居环境积极性，建立"少云志愿者"队伍，广泛开展"新乡贤、好乡亲"评比，有效改变了过去"干部干、群众看"的状况。[2]

云阳县抓实党建促脱贫，2019年吸纳10名优秀本土人才到村任职，组织21名党员致富能人、产业大户与42户贫困户结对组建"产业互助组"，带动贫困户发展致富产业。[3]石柱县建强基层战斗堡垒，结合主题教育专项整治，集中排查整顿软弱涣散村（社区）党组织24个，调整不合格村（社区）党支部书记28人，发展农村党员236名，回引本土人才357名，实现220个村有集体经济项目、175个村有经营性收入。[4]秀山县锤炼队伍真抓实干，因地制宜选派215名第一书记、215个驻村工作队、268名本土人才，落实6581名结对帮扶干部。[5]

---

1. 《大足区2019年脱贫攻坚工作情况》
2. 《铜梁区2019年脱贫攻坚工作情况》
3. 《云阳县2019年脱贫攻坚工作情况》
4. 《石柱县2019年脱贫攻坚工作情况》
5. 《秀山县2019年脱贫攻坚工作情况》

铜梁区贫困户在水口镇云丁科技建设的扶贫车间就业

垫江县强化抓党建，全面排查软弱涣散村（社区）党组织 53 个，细化整顿措施 240 项，回引农村本土人才 232 人，储备后备人才 605 人，全面落实"两委"联席会议、"四议两公开"和村务监督等工作制度。[1]

按照中组部部署要求，为切实加强农村基层党组织建设、推动脱贫攻坚任务落实，重庆市委组织部将发展农村党员作为本土人才培养的一项任务长期坚持。在党员培养方面，从计划安排、源头培养、动态调控等方面入手，加大工作力度，强化推进落实，着力解决农村党

---

1. 《垫江县 2019 年脱贫攻坚工作情况》

石柱县中益乡华溪村"第一书记"汪云友(左二)引导村民养殖清水鱼

员队伍结构老化、青黄不接等问题,为农村基层党组织不断注入新鲜血液,取得了明显成效。2018年以来,全市新发展农村党员9007名,其中贫困村新发展党员2407名。全市1918个贫困村中有1894个已落实"每2年至少发展1名党员"的要求,占贫困村总数的98.7%,其中很大一部分属于本土人才,本土人才成为重庆当地农村干部队伍中的坚实力量。在村一级党员干部的培养方面,重庆市的具体做法如下:

计划精准到村。组织各区县对发展农村党员工作进行认真分析研判,特别是对近两三年未发展党员的村,逐一摸清情况、分析原因,提出有针对性的对策

石柱县中益乡加强村党员干部培育

措施。在此基础上，按照贫困村每 2 年、其他村每 3 年至少发展 1 名年轻党员的要求，制定《2018—2020 年农村党员发展规划》，明确每个村发展党员的时间表，细化措施办法，落实工作责任，做到早规划、早安排、早着手。每年印发《全市发展党员指导性计划》，单列农村党员发展指标，督促指导各区县把发展党员指标点对点下达到村。2018 年、2019 年农村党员发展指标分别为 4201 名、4529 名，分别占全市发展党员计划的 12.5%、11.1%。

抓实源头培养。针对农村青年外流、发展党员源头不足的问题，结合推进脱贫攻坚、乡村振兴，对本乡本土大中专毕业生、复员退伍军人、外出务工经商人员进

培育优秀青年农民，助力脱贫攻坚

行"点对点"动员，通过给待遇、给扶持、给出路，吸引他们回村任职、创业发展，全市回引在村挂职本土人才9329名。着力从在家的村组干部、本土人才、到村任职高校毕业生、创业致富能手中确定一批重点对象，尤其注重在"80后""90后"优秀青年农民中"选苗育种"，采取党组织班子成员结对联系等方式，认真做好教育培养工作，建好农村党员发展"蓄水池"。2019年，各贫困村在村组干部、本土人才等在村人员中发展党员731名，占56.5%。加强对流动在外的入党积极分子的教育培养，分别明确1名村党组织班子成员和1名在同一流出地的流动党员进行结对帮带，采取"线上+线下"的方式开展教育培养，做到教育培养不断线。

加强统筹调度。依托12371党务信息管理系统建立全市发展党员工作信息库,坚持网上大数据分析与线下调研督查相结合,对照各区县农村党员发展三年规划,每季一调度,全面分析各区县农村发展党员数量、结构等情况,通过实地检查、电话访谈等方式掌握农村发展党员真实情况,对存在计划完成进度慢等问题的区县及时督促提醒。把农村发展党员工作纳入基层党建调研督查内容,一竿子到底,深入到村了解情况、指导工作,推动发展党员计划落地落实,着力提升发展党员工作。

重庆市在回引本土人才方面,首先,深入摸底动员,确保"引得回"。以乡镇为单位,对本乡本土大中专毕业生、外出成功人士进行调查摸底,掌握基本情况,了解本人意愿。将年龄在35周岁以下、有意愿回乡创业发展的大中专毕业生纳入本土人才管理;对在外创业的成功人士,年龄放宽到40周岁以下;对交通闭塞、基础设施落后、农民人均纯收入低于本区县平均水平的边远贫困村,学历放宽到中专(高中)。通过调查摸底,全市建立4.2万余人的本土人才库。在此基础上,打好"乡情牌",进行"点对点"沟通对本土人才进行动员,由乡镇、村两级党组织采取电话联络、座谈联谊、主动登门拜访等方式,对有意向回村任职、创业的人才,采取乡镇党委公开遴选、统一考察、集体研究等程序择优确定。

其次，打包用活政策，确保"留得住"。重庆市对本土人才做到了"三给"：一给基本待遇：按不低于本村专职干部的标准，确定在村挂职本土人才的报酬待遇，建立动态增长机制。二给创业扶持：出台返乡创业、大学生创业和创办小微企业等优惠政策，支持返乡人才创办小微企业、领办合作经济组织、发展农村电商和集体经济等，推动干事创业。三给发展出路：对培养成熟、表现突出、群众公认的本土人才，及时推荐进行选拔进入村"两委"或选聘为专职干部。同时，全市每年拿出一定指标面向优秀村干部定向考录乡镇公务员，各区县拿出一定事业编制面向优秀村干部定向招聘，符合条件的本土人才可参加定向招考，其在村挂职时间计入村干部任职年限。

再次，跟踪管理培养，确保"干得好"。重庆市将回引人才的培训纳入扶贫培训统一规划，由区县组织实施，全市累计开展培训550余期，实现集中轮训全覆盖。重点学习习近平新时代中国特色社会主义思想和党的十九大精神，强化脱贫攻坚方针政策、群众工作方法和产业发展、实用技术、农村电商、基层治理等方面知识的培训。加强"传帮带"的建设，对到村挂任村党组织书记（村委会主任）助理或其他综合服务岗位的本土人才，明确1名镇街党政班子成员联系帮带，让其参与村务管理，强化实践锻炼，提升工作能力，培育优良作风。加强本土人才的管理，到村挂职本土人才由镇街党（工）委负责日常管理考核，年度考核不合格、群众不认可的，不再安排挂职。

重庆围绕"引得回""留得住""干得好"三个环节，突出本土大中专毕业生、外出成功人士"两个重点"，回引贫困村本土人才挂职、创业，破解农村治理人才匮乏问题，打造一支"不走的扶贫工作队"。据统计，截至2019年底，重庆市已回引10237名本土人才回村挂职或创业，累计领办创办合作经济组织1062个、小微企业1852个，牵头推进电商、金融、超市"三进村"2970

2020年5月22日，"重庆青年五四奖章"获奖者事迹分享暨脱贫攻坚青年先进事迹"云"分享会在万州区青少年宫举行

个,直接带动3万多贫困户增收。在2016年村级换届中,8000余名回引人才被选进村"两委"班子,群众对回引本土人才的做法充分认可,对村干部的群众满意度提高4.3个百分点。在当前乡村建设中人才"找不到""质量低""留不住"的窘迫困境下,深入探究重庆市本土人才的回引模式,学习其人才振兴经验具有重要意义。在具体实施过程中,重庆的具体做法包括以下几个方面:

一、定期摸排,着力"找得准"

以镇街为单位,定期对本乡、本土大中专毕业生、外出务工经商人员等开展摸底调查,掌握基本情况,了解本人意愿。将年龄在35周岁以下、有意愿回乡创业发展的大中专毕业生纳入本土人才管理;对在外创业的成功人士,年龄放宽到40周岁以下;对交通闭塞、基础设施落后、农民人均纯收入低于本区县平均水平的边远贫困村,学历放宽到中专(高中)。通过调查摸底,全市建立4.2万余人的本土人才库。

二、大力回引,着力"选得好"

重庆市各区县组织发动基层党组织和党员干部,采取主动登门拜访、电话联络、座谈联谊、宣传创业政策

摸排本土人才

"逐梦他乡重庆人"回乡行活动

等方式，打好"乡情牌"，进行"点对点"沟通，对本乡、本土大中专毕业生进行思想动员工作，各地对有意向回村任职、创业的人才普遍采取公开考试、考察等方式精心遴选。在本土人才的选拔方面，各个区县严格把关，统一发布公告，统一审查资格，统一组织面试，对回引对象开展3天集中培训和1个月试岗，确保了回引人才的质量。

三、强化保障，着力"留得住"

重庆市坚持激励与约束并重，努力让本土人才在村下得去、稳得住。在保障方面，首先，保障基本待遇：按不低于本村专职干部标准，确定在村挂职本土人才的报酬待遇，建立动态增长机制。其次，给予创业扶持：出台返乡创业、大学生创业和创办小微企业等优惠政策，支持返乡人才创办小微企业、领办合作经济组织、发展农村电商和集体经济等，推动干事创业。通过送岗上门，建设"扶贫车间"。通过财政扶贫资金牵引，鼓励本土返乡创业人员领办创办劳动密集型企业，为贫困群众在家门口就业提供渠道。在2019年，巫溪县扶持建设鸿驰鞋业、龙凤木梳等企业，回引人才650名，实现人均年增收1.5万元。再次，提供发展出路：对培养成熟、表现突出、群众公认的本土人才，及时推荐选拔

中益乡华溪村村集体分红大会

进入村"两委"或选聘为专职干部。同时，全市每年拿出一定指标面向优秀村干部定向考录乡镇公务员，各区县拿出一定事业编制面向优秀村干部定向招聘，符合条件的本土人才可参加定向招考，其在村挂职时间计入村干部任职年限。

四、跟踪培养，着力"干得好"

加强培训，学习习近平新时代中国特色社会主义思想和党的十九大精神，强化脱贫攻坚方针政策、群众工

重庆市鸿驰鞋业有限公司扶贫车间里的加工场景

作方法和产业发展、实用技术、农村电商、基层治理等方面知识的培训。加强帮带,对到村挂任村党组织书记(村委会主任)助理或其他综合服务岗位的本土人才,明确1名镇街党政班子成员联系帮带,让其参与村务管理,强化实践锻炼,提升工作能力,培育优良作风。加强管理,到村挂职本土人才由镇街党(工)委负责日常管理考核,年度考核不合格、群众不认可的,不再安排挂职。

本土人才回到乡村后,弥补了村干部知识技能方面的不足,在脱贫攻坚中发挥了积极作用。典型案例有万

石柱县中益乡华溪村开展黄精产业田间管理技术培训

盛经开区推动本土人才领办或协办村级集体经济项目,打造凉风李、五和梨、黑山猕猴桃等特色产业品牌,助推全区"空壳村"发展村级集体经济。

本土人才促进地区脱贫的机制

重庆在脱贫攻坚过程中所探索出来的本土人才发展机制对于促进高质量脱贫发挥了极大的正向推进作用。其背后所蕴含的机制对于乡村振兴和农村的长久发展均起到了有效的助推作用。总结和提炼本土人才在促进重庆脱贫方面的机制是总结其经验的重要方面。具体可以分为以下几个方面：

一、建立本土人才使用机制

脱贫攻坚成果巩固和拓展需要积极营造有利于人才成长和发挥作用的社会环境和生活环境，尊重人才成长的客观规律，千方百计地解决人才在学习、工作和生活中遇到的实际困难，努力为各类人才营造良好的工作和生活环境。通过养好自己的"孩子",培养一大批有家乡情结的本土人才,打造一支"不走的扶贫工作队"。在此方面,重庆所探索的本土人才使用机制将地方的人力资源转化成了人才资本,通过制度化的章程和政策建立起了一整套切实可行的人才使用机制,营造出选贤任能的良好环境。分层次、分领域针对不同类别的人才予以差异化的支持,以人岗相适为主要原则,为本土人才在创业咨询、脱贫项目策划等方面提供服务,并在健全回引人才服务管理方面探索了大量的出路,不断激发重庆本土人才对家乡的认同

巫山县双龙镇,"榜样面对面"脱贫攻坚先进典型市级宣讲活动

感、归属感，激发他们回报桑梓的热情。

二、建立本土人才激励机制

本土人才，对一个地区的经济社会发展有着不可替代的优势，他们对本地有着深厚的情感，对于本地的发展愿意投入更多的精力；本土人才对本地的情况更加熟悉，提出的办法更符合实际；本土人才的根基、家庭、人际关系都在本地，相对外来人才群体更具稳定性。在

铜梁区，敖爽在外漂泊多年，干过建筑、修过机械，能照顾家里、能陪伴儿女成长是他当初回家乡创业的主要原因

此方面，重庆结合实际采取一系列激励措施，合理使用人才，把人才放到最为合适的岗位，用其所能，从而实现本土人才使用的效益最大化。同时积极制定人才创业优惠政策，优先支持返乡创业项目，并从职级晋升、评价激励、表彰奖励、人文关怀等多个方面建立了长效激励机制，切实为返乡人才解决后顾之忧，使得回引后的本土人才看得见发展前景，帮助乡村本土人才算好"亲情账"和"经济账"，吸引更多的优秀本土人才回归重庆，助力家乡脱贫攻坚。

三、建立本土人才成长机制

重庆市对获得国家、省、市级奖励、取得新业绩或者作出特殊贡献的人才给予奖励，对取得高级专业技术职务资格的不受单位岗位职数限制的特设岗位。采取切实有效的管理措施，留住本地人才。制定相关的优惠政策吸引土生土长的本地人才回乡，对回乡探亲的本地优秀人才重点关注对接，领导和相关部门加强外出拜访优秀本土人才力度，有计划、有步骤地采取各类措施，争取本土人才支持家乡建设，促进本土人才回归，服务家乡建设。对于回引后的本土人才，重庆市不断加强专业化的岗位技能培训、扶贫工作交流培训等继续教育，定期组织本土人才进修和培训，帮助其更新观念和知识，

石鱼镇大学生本土人才利用电商平台帮助农民销售水果

为人才持续性成长打通了道路，促进人才在各自岗位上为脱贫攻坚作出更大的贡献。

四、建立本土人才回流的信息机制

重庆市运用智能化＋大数据的先进互联网技术，建立本土人才动态管理台账，人才识别选拔做到不唯身份、不唯学历、不唯职称、不唯资历，克服论资排辈不重视创造力、只唯文凭不重视实际技能的不良作风，不拘一格选才用才。相关职能部门全面了解本地各类人才分布情况，对人才台账进行动态更新。对本地人才进行建档立卡管理，制定人才分类标准，对本地人才进行细化分类，摸清底数，健全本地人才数据库。对于高水平人才，特别是高学历、高职称的专业技术人才和经验丰富的企业经营管理人才探索建立了专门数据库，并制定了清晰的入库评价机制，努力形成人才愿留下、想创业、创成业的良好氛围。

五、促进本土人才发展的内生机制

激活本土人才"内生动力"，"盘活"本土人才资源是推进本土人才发展的内生力量。重庆市以构建本土人才发展的内生力量为重要抓手，制定了重庆本土人才发展长期规划，不断加强对各行业领域本土人才发展的统筹协调，明确本土人才发展目标、培养计划、政策举措。以需求为导向，因人施教、按单点菜，构建本土人才分层分类的科学化培养体系。同时努力解决好本土人才用非所学、学非所用的问题，"挖掘"本土人才的潜能，做到才尽其用。打破本土人才流动中单位、身份的限制，消除在不同部门、行业和岗位之间的流动障碍。通过激发本土人才的干劲，提高本土人才的积极性。关心本土人才的工作和生活，切实为他们解决生活上遇到的实际困难，为他们提供优质高效的服务。对政治素质好、业务能力较强的优秀本土人才进行重点培养，将他们培养、发展成为决胜脱贫攻坚、实现区域发展致富的"领头雁"。

　　本土人才在重庆脱贫攻坚过程中发挥了举足轻重的作用。这些本土人才通过各自的能力、智慧、知识、见识等为重庆全面决胜脱贫攻坚提供了自身的力量。通过脱贫攻坚过程中所采取的一系列吸引本土人才回流的方式为本土人才的发展创造良好的平台和机遇。从农村可持续发展的视角来看，人才资源已经成为农村发展的一项短板，重庆所探索出来的回引和支持本土人才发展的一系列政策和制度有效弥补了农村人才匮乏的短板，对于未来乡村振兴和乡村建设均发挥了重要的作用。积极探索和总结本土人才在重庆脱贫攻坚过程中所发挥的作用对于充分发挥农村人才优势、提升农村人力资源的品质以及促进乡村长久发展均发挥着巨大的作用。本章列举了重庆促进本土人才发展的相关政策，归纳出定期摸排，着力"找得准"；大力回引，着力"选得好"；强化保障，着力"留得住"；跟踪培养，着力"干得好"等"四大模式"的具体做法。并探索出建立本土人才使用机制，建立本土人才激励机制，建立良好的人才成长机制，建立本土人才回流的信息机制，促进本土人才发展的内生机制等五条关于重庆本土人才促进地区脱贫的机制。重庆的这些经验和做法对于实现城乡融合、促进城乡人才流动、打通城乡要素资源一体化均发挥着一定的功能。

第二章·脱贫攻坚中回引本土人才的经验做法

在脱贫攻坚过程中，重庆探索出了一系列回引本土人才的经验做法，这些经验做法具体表现在一些典型的案例中，这些案例生动地展现了不同类型本土人才在脱贫攻坚过程中所发挥的作用。从各个地区探索的经验来看，不同区县均探索出了相应的回引本土人才返乡发展的政策，这些政策有力地促进了本土人才的回流。本章主要通过不同地区、不同人才的案例来呈现重庆在脱贫攻坚过程中如何回引和发挥本土人才的作用，从而更好地实现本地区的高质量脱贫。在本章的阐述过程中所列举的这些案例和典型人物都是重庆在脱贫攻坚过程中所涌现的典型和模范人物，主要通过图文一体的方式来进行呈现。

黔江区能人回乡带动产业扶贫新路子

位于黔东南武陵山区的黔江区是重庆市的国家级贫困县，这里集革命老区、少数民族地区和边远山区为一体，截至2019年底，黔江区贫困发生率降至0.05%。被国务院扶贫办列为全国首批、重庆唯一的"贫困县摘帽案例研究"样本区县。近年来，黔江区以乡情为桥梁、政策为引领、激励为导向，外引内联、借智聚才，先后精选培养一批颇具代表性的致富带头人队伍，在人才方面也探索出了自身的一系列经验，主要表现在以下几个方面：

一是情感号召。以乡情、亲情、友情为纽带，建立全区在外成功人士信息库，以召开大学生和返乡人员座谈会等形式，引导和鼓励外出人员返乡投资兴业，以浓厚乡情感召一批游子带着资金、项目、理念建设家乡、反哺乡邻。以精准施策为方略，动员自身发展动力强但又缺乏技术的贫困户参加培训，鼓励他们自主创业先富起来，再带动周边的贫困户共同致富。白石籍农民工李清华返乡创办重庆尝必乐农业开发有限公司，生产"渣海椒"、盐菜等土家生态产品，实现年销售额近亿元，带动周边贫困户68人到车间就业。全区209个贫困村、非贫困村共发展致富带头人570人，签订《致富带头人带贫协议书》，带贫人数8467人。

二是政策引领。竭诚营造好的环境、配套好的政策、提供好的服务，致力于为致富带头人干事创业搭好平台、找准载体、提供便利。在农产品加工用地、乡村旅游开发等方面特事特办、走简易审批程序，对致富带头人带动贫困户建设的规模化种、养殖基地优先解决水、电、路等基础设施，给予担保贷款贴息、农民工返乡创业重点企业贴息、就业扶贫示范车间等政策，让大家投资放心、干事顺心、生活舒心。借助政策"东风"，简义相放弃重庆主城优越的条件和高薪的工作，返乡带领村民种植菌类、金丝皇菊花、杭白菊，成为远近闻名的致富带头人。

三是环境助力。坚持念好"绿"字诀，引导致富带头人带动农户共同发展优质水果、中蜂、水产品、食用菌等生态产业，建成"亩产万元立体农业"基地13万亩，建成西南地区最优的猕猴桃生产基地和全市最大的蔬菜雾培生产基地，共同走出一条绿色发展的脱贫致富路。脱贫户致富带头人王贞六，依托当地花蜜资源，通过参加培训发展中蜂养殖，不仅自家顺利脱贫，而且无私赠送、现身说法、授业解惑，发动40户贫困户参与养蜂，先后9次对全区1200余名中蜂养殖户进行指导培训，掀起一股养蜂热潮，2019年王贞六获评全国脱贫攻坚"奋进奖"。

四是产教融合。充分整合利用高校教育资源优势和发挥地处渝东南贫困地区之便利，采取校企合作的方式培育致富带头人带动贫困群众创业就业。重庆旅游职业学院与重庆三磊田甜农业开发有限公司深入开展校企合作，利用高校教育资源优势和企业良好的产业基础（3万余亩猕猴桃种植基地及企业经营与管理实践经验等），共同承接市扶贫办猕猴桃种植致富带头人培训项目，已成功培

黔江区致富带头人带动贫困群众创业就业

训猕猴桃种植致富带头人160名,并按照"一对一"带贫帮扶的方式带动200余名贫困群众走上产业发展之路。

五是产业带动。坚持产业扶持到户,认真落实贫困户每户最高3000元的到户补助政策,因户施策发展扶贫产业,由致富带头人先行一步、做好示范,引导贫困户发展1—2个稳定增收产业,真正做到"一村一品""一户一业",全区以羊肚菌、黄秋葵、优质保健中药材、大闸蟹、冷水鱼、中华蜂等种养业为主,贫困村规模种养户数占45%以上,特色主导产业覆盖农户90%以上,其中建卡贫困户占60%以上。

六是劳务用工。统筹整合各类培训资源,围绕土家刺绣、食用菌栽培、乡村旅游等特色工种对贫困户开展"订单式"实用技术培训,致富带头人招聘员工、农忙雇人优先考虑贫困户,实现培训一人、就业一人、脱贫一家。全区致富带头人领办、创办企业206个,企业投资总额32202.7万元,为贫困户提供就业岗位5000多个,人均月工资2000元以上。致富带头人曾凡平,建起1500亩的羊肚菌基地,还牵头成立了黔江区羊肚菌产业发展技术协会,辐射带动220余户农户种植羊肚菌增收,带动800余人就业。

七是党建引领。坚持党建引领、共建共享,促进致富带头人与农户互利共赢,夯实致富产业市场风险防控保障。探索"党建+企业+农户"模式,所在地基层支

重庆合川，农民工返乡创业园内呈现出繁忙的景象

部做好致富带头人与农户的对接，为致富带头人加油鼓劲、排忧解难。鼓励致富带头人向党组织靠拢，支持其所办企业建立党支部或党小组，发挥好战斗堡垒作用，打造一支懂农业、爱农村、爱农民的"不走的工作队"。

八是合作共赢。充分发挥龙头企业、专业合作社和家庭农场等新型农业经营主体的带动作用，采用"公司+合作社+基地+农户"方式，同一产品实行统一定价，实现优势互补、各展其长，完善竞合关系，共同抵御市场风险。如尝必乐公司为解决生产"渣海椒"、盐菜所需的原材料问题，发动农户组建嘉荣蔬菜种植专业合作社，带动农户种植辣椒、青菜、玉米，实现三方共赢。

九是共建共享。鼓励致富带头人与村民建立利益联

"公司+合作社+基地+农户"的经营模式下公司向农户收购辣椒

结机制,通过采取合资、合作、股份制等方式,引导村民广泛参与其中,抱团发展产业,双方之间的利益分配方式按利益返还、保底分红、股份合作等多种形式,让广大群众共享收益。发动致富带头人与贫困户签订保护价包干收购协议,防止产品滞销、价贱伤农。[1]

典型案例一:"新农民"简义相返乡创业助脱贫

37岁的简义相是重庆市黔江区邻鄂镇松林村的返乡大学生,他是土生土长的松林人,祖祖辈辈都生活在这

---

1. 强化"三个阵地"带富一方乡土——黔江区在全市致富带头人培育工作培训班上的发言,2020年8月。

片贫瘠苦寒的土地上，面朝黄土背朝天，沥尽血汗、吃够苦头。走出大山、远离贫困是当地人的共同心声，年少时的简义相学习刻苦勤奋、肯于钻研，功夫不负有心人，20岁的简义相以优异的成绩考上了重庆师范大学金融专业，这让偏僻的松林村沸腾起来，也给家族和父母带来了无限荣光。

对充满好奇、心存幻想的山里娃简义相来说，考上大学不仅实现了儿时那魂牵梦绕、不可抑止的"大学梦"，更是对未来充满了憧憬、写好了人生规划。四年的校园时光一晃而过，大学毕业后，简义相留在了重庆主城发展，进入一家知名通信企业做销售工作。因为头脑灵活、踏实勤奋，简义相一年后就成为单位的"销售王"，年薪近20万元，扎根大都市、成家立业、结婚生子的人生之路愈发清晰可期。

天有不测风云。父亲简兴平的一个电话，打破了简义相平静的生活，也打乱了他的事业规划和人生轨迹。原来是简义相的母亲在老家突发脑溢血，落下了偏瘫，父亲独自一个照顾已力不从心。面对即将转为正式员工、步入婚姻殿堂两大人生抉择，简义相考虑到姐姐已经出嫁、哥哥远在上海，于是不顾家人的坚决反对与相恋5年的女朋友分手，毅然选择辞职返乡照顾母亲。

20多年来孜孜以求"跳农门"的努力归零，重返农门，生活还得继续，凡事从头再来。简义相返乡后，先

简义相给村民传授杭白菊栽培、管护、采摘技术

是跑了一年多的货物运输，又做了一段时间的餐饮和煤炭生意，攒下了30多万元的积蓄。随着生意走下坡路，他把目光转向了农业产业，时值政府大力提倡发展银耳种植，考虑到老家优越的种植条件，倾其所有投入30多万元种植银耳。适逢当年产量低、销路窄，简义相亏损了几十万元，父亲在种植银耳的过程中还发生了意外，这一度让他十分苦恼和内疚。痛定思痛，他利用现有的设备和菇类种植技术相通的优势，开展种植香菇、平菇等菌类，弥补银耳种植的空档期。

在做好村上事务的同时，简义相的生意也做得风生水起。在一次外出考察时，他对菊花产业产生了浓厚兴趣，于是不远千里赶赴浙江、安徽，买来苗子试种，发现比原产地品质还要好。在区科协、农学会的技术指导下，采用覆盖地膜技术，他扩种300亩金丝皇菊花、杭白菊，亩产菊花达到1000公斤，每亩收入达5000余元。为带动群众共同致富，简义相发起成立黔江区义相种植股份合作社，采取"公司+合作社+农户+基地"模式，利用高山气候发展菊花种植和特色食用菌产业，采用农户废弃的稻草、玉米芯、玉米秆，按循环农业的现代化方式生产食用菌，利用烘干脱水生产菊花茶，形成了集食用菌种植、加工、销售于一体的农民合作组织，成功注册了"容仙"商标，不仅拿下一家医药销售企业长期订单，还开辟了网络销售渠道。

简义相带动10多户村民共同栽培杭白菊，面积扩大

简义相的菊花园

简义相在网上查看杭白菊产品的销售情况

到700亩，50户村民成为股东，不仅可以按土地分享利益，还能在基地务工获得固定工资收入。此外，菊花采摘时间，基地聘用100余名村民参与采收。在简义相的带动下，该村脱贫工作做得有声有色，20多户贫困户有了稳定的收益，每人每月能收入2000多元，真正带动贫困户增收，获得了群众一致好评。松林村筹备建设3公里的健身步道、观景亭和停车场等配套设施，简义相也开始了新一轮的"远航"，筹划打造以错季赏花、采摘和登高为主题的农业旅游景点，让自己真正成为建设生态家园的"菊花王"，带领脱贫群众共同致富奔小康。

2015年镇上干部找到了简义相，希望他到村委会来

简义相的菊花园

为乡亲们做点事情。听了镇上干部所讲的本土人才队伍建设计划的内容,简义相没有犹豫就报了名。村里的年轻人都外出了,土地大多数也荒废了,贫困户的困难也是各式各样。简义相结合贫困户大多缺乏劳动力的特点,利用自己的特长,带动一些村民成立合作社,开展技术培训,送菌种送花苗。2019 年,合作社利润达到了 121 万元,参与的村民户均增收近 2 万元,村里贫困户靠这项收入都脱了贫。

如今的邻鄂镇松林村已经从原来的"黑色"之乡变成了"生态之乡"。邻鄂镇过去因为丰富的煤炭资源而进行大量的开采导致地面裂缝、水资源严重污染、农作

简义相给顾客介绍杭白菊产品

物减产甚至绝收，政府关掉煤矿之后村民的收入来源随之枯竭。在政府的政策支持之下简义相在村里成立了义相种植股份合作社，在2015年引进了杭白菊试种，2016年合作社种植的300亩杭白菊喜获丰收，亩产菊花达到1000公斤，每亩收入可达5000余元。杭白菊产业的发展，不但为高山农民开辟了一条增收新路，而且有效恢复了被破坏的矿山植被。未来简义相将着手打造1000亩杭白菊基地，建一个集赏菊、饮菊花茶、吃农家乐为一体的乡村旅游点，让自己从卖生态资源的"煤炭客"转身为建设生态家园的"菊花王"。今天的乡村热气腾腾，党委政府有支持，老百姓有期待，简义相对职业农民的身份很满足，也倍感骄傲。2018年"在希望的田野上"乡村

简义相指导村民管护金丝皇菊

振兴报告团举办共青团专场报告会，简义相向800多名现场听众分享自己的心得："我想告诉更多的和我一样的年轻人，只要多动脑、敢行动，就能把事业安放在希望的田野上，因为，干在乡村，一样有奔头！"

用好本土人才队伍建设计划，做好精准扶贫，重庆市还探索了一系列的做法。要是有回村不适应、群众不认可的，及时让他们另找出路；还将回引人才培训纳入扶贫培训统一规划，由区县组织实施。截至2020年，这样的培训已累计开展550余期，实现集中轮训全覆盖。如今，每村基本都有一两个本土人才回村挂职或创业。一支脱贫攻坚"不走的工作队"已然成形。从数据来看，这支"不走的扶贫工作队"成绩斐然。他们领办创办了

1062个合作经济组织、1852个小微企业，牵头推进电商、金融、超市"三进村"2970个，参与落实一批扶贫攻坚项目，直接带动3.2万户近13万贫困群众增收。

典型案例二：一道传统美食带动一方增收的返乡创业农民工李清华

李清华是黔江区白石乡人，中学毕业后就开始学做生意，在家乡附近的场镇上赶场贩卖山货，补贴家用。1997年，李清华南下广东打工，先后做过鞋子、开过网吧、干过销售、当过采购，打工10年，他睡过街头、饿过肚子，但农村人吃苦耐劳的本性让他挺过来了，他开始有了自己创业的想法。

2007年李清华用打工挣得的第一桶金在广东开办了属于自己的食品厂，从昔日的"打工仔"转身成了"小老板"，由于诚信服务、经营有方，生意日渐兴隆，并小有成就。当时有车有房，有妻有子，广东成了他的第二故乡，李清华觉得自己一辈子都会生活在这儿了。

在外面打拼的十几年里，每逢过年后回广东，他都会带上家乡的"渣海椒"，因为老乡们都爱吃，每次都托他多带点。"渣海椒"是武陵山区土家族制作的一种咸菜，使用石磨将玉米碾细，然后用刀切成碎块的辣椒与生姜、大蒜、八角、茴香等佐料混合在一起，用石磨碾成辣椒

李清华介绍"渣海椒"的传统制作技艺

酱，添加食盐，与米面或玉米面进行搅拌，装进"倒扑坛"里密封一周后，就略带酸味，取出放在铁锅里炒成半熟，再加上猪油或腊肉混合炒，这是当地人最爱吃的一种美食，常常将此作为招待客人的佳肴。李清华从中发现了商机——何不把"渣海椒"做成产业，让这个土家特色菜走向更大的市场？带着这样的想法，2010年他春节返乡，报名参加了区扶贫办开办的创业培训班，掌握了创业技能和当地相关创业政策。通过调研得知"渣海椒"在西南地区具有广阔的市场，于是他下定决心关掉广东的食品厂，返乡创办了重庆尝必乐农业开发有限公司，致力于土家特色食品开发，从此与土家"渣海椒"结下了不解之缘。广东虽好，但毕竟没有归属感，回乡还能带动

种植基地的村民在采摘辣椒

父老乡亲共同致富,这便是李清华返乡的初衷。

2010年春节李清华回家过年时就开始筹备在当地建立海椒厂,他的计划得到了当地乡镇党委政府的大力支持,在当地流转村民200多亩的土地用于种植加工"渣海椒"所用的玉米、辣椒、生姜、大蒜等。为了能够满足生产所用的原材料,李清华还鼓励当地的村民自己种植玉米、辣椒、生姜、大蒜等农作物,然后他来收购。春节后李清华在自家的责任地建起了厂子,注册基金500万元,在当年的9月份他的海椒厂开业了,开始用传统技艺和现代技术来生产"渣海椒",随着规模的扩大和技术的不断成熟,产品在取得QS质量标准认证和绿色食品认证之后很快就销往了当地的各大市场,深受市场的青睐。海椒制作的工艺并不复杂,在当地几乎每家都可以加工,

村民在车间包装"渣海椒"

只是储藏过程的要求比较精细，每隔一周就要给倒扑在石槽的土坛或者立着的土坛的坛沿换一次清水，这样做可以保持鲜美的味道，一般一年也不变味。在生产过程中李清华成功注册了"送饭宝贝"和"尝必乐"两个自主品牌，海椒加工进入了规模化生产，改变了原来土家族的一家一户小作坊式的生产模式，土家族的"渣海椒"传统生产技艺也被列为了重庆市的非物质文化遗产保护名录。

2013年，在农业部与河南省人民政府主办的"2013年中国农产品加工贸易洽谈会"上，李清华公司生产的"送饭宝贝"牌土家"渣海椒"被评为"金质产品"。通过几年的努力，李清华的"渣海椒"、盐菜等产品的销售网络覆盖重庆、湖北、湖南、贵州、四川、广东、福建、浙江、上海、江西、江苏、山东、北京等16个省市，涵盖农贸市场、超市、餐饮业、学校、景区和电商等渠道，全年销量达 8000 余吨，销售额达到 4000 余万元。

　　李清华的海椒生产有效地带动了村里人收入的提高。据了解，安山村一组距白石乡集镇约 4 公里，是黔江比较偏远的一个贫困村，辖 6 个村民小组，总人口 2436 人 721 户，其中，建卡贫困户 58 户 241 人。村里一直产业滞后，只有蚕桑和生猪产业。在辣椒产业发展后，曾经的 58 户建卡贫困户，通过种植辣椒、玉米和在辣椒基地务工，全部脱贫。"渣海椒"厂每年须收购辣椒 3000 吨、玉米 5000 吨、生姜和大蒜各 5 吨，这为当地的农作物生产带来新的契机，同时也帮助了当地更多村民就近务工。

李清华在收购农民的辣椒

随着规模的扩大，李清华在"渣海椒"加工的基础上，还开发盐菜、豆豉等特色农产品。2018 年，李清华的玉米、辣椒、青菜等原材料的科普种植示范基地达到 1 万亩，覆盖黔江区境内的石会、黑溪、杉岭、黄溪、小南海、阿蓬江、白石、沙坝、新华、水田等 16 个镇乡，带动种植农户 2650 户；其中建卡贫困户 243 户，实现户均增收 1 万元以上；培育农民合作社 12 个、家庭农场 33 个、新型职业农民 105 人；解决 126 人到基地长期务工，创造 6500 人次季节性就业岗位；实现了让更多的农户家家有产业，贫困家庭户户脱贫越线。2020 年 7 月李清华的重庆尝必乐农业开发有限公司接到来自重庆、

李清华在介绍"尝必乐"的海椒产品

黔江区早稻田辣椒种植股份合作社分红大会

广州等大城市的15000件订单，企业组织了30余名工人加紧生产，确保准时发货。

为了进一步促进村里产业的发展、带动周边的村民致富，李清华还在当地进行了基地的股份化改造，天河村的93户农户以409亩土地入股到公司，公司每年分给农户合计8万元的分红和村集体2万元的分红，这不但带动了村民收入的增加，而且使村集体有了收入。

企业发展遇到瓶颈时，当地政府主动上门，一方面引介企业与西南农科院合作，解决技术和产品质量问题；另一方面通过扶持政策和无息贷款筹集资金30万元，以此来增强企业发展信心。经过不断尝试创新，李清华摸索出了一条传统工艺与现代科技相结合的农产品加工方式。

李清华在早稻田合作社位于白石乡中河村的辣椒基地

    李清华的产业发展离不开政府的扶持。产品生产出来还得卖出去，为了有效拓展市场，黔江区商务委以电商扶贫为引领，为李清华的产业发展提供电商理念的引导，提供电商培训、基础设施供给、品牌建设方面的支持。在各个部门的支持之下，李清华在黔江建立了黔江区电商服务站。他充分利用电商网络，发展培育了电商经营主体26家，带产品入驻"村村旺""供销e家""亲戚田园"等电商平台销售，打造起了"尝必乐渣海椒"微信公众号和微信商城，成功链接起线上线下两个市场。在规划电商产业的蓝图时，李清华按照优先解决贫困户劳动力、优先发展贫困户生产基地的要求，成功带动了白石乡脱贫攻坚的步伐。

铜梁区"三给"政策引本土人才回乡创业

2017年以来铜梁区委面临村干部年龄大、文化程度低、缺乏创新意识等问题,这一现实困境决定了从社会回引一批大学生本土人才为脱贫攻坚和乡村振兴贡献力量成为必然之策。从2017年实施以来,区上不断加大对本土人才的回引力度,区政府和镇政府采取入户走访、电话访谈、微信联络等方式进行点对点的动员。铜梁区在全区开展给政策、给待遇、给出路的"三给"政策,回引本土人才回乡创业。此项措施深受本土人才的青睐,2019年铜梁区委区政府通过发布公告,统一组织开展现场报名、资格审查、面试,最后吸纳了112名大学生回村工作。

到2020年,铜梁区回引本土人才700多人,这些本土人才成为铜梁脱贫攻坚和乡村振兴的一大主要力量。

铜梁区本土人才座谈会

本土人才在农村产业发展、乡村治理、社会服务等方面发挥了非常重要的作用，成为促进当地社会发展的重要力量。下面将介绍一位典型的本土人才回乡创业的案例。

典型案例：回乡创业，本土人才为村民"犇途赢财"

敖爽、叶培、左沁灵三位都是从重庆回来的大学生，也是当地知名的三人创业组合。2015年铜梁区的本土人才招聘让敖爽看到了机会，他通过区里组织的招聘成为了石鱼镇联丰村的党支部书记助理。2018年镇上为解决当地农产品的销售问题，决定在全镇发展电商，镇党委书记找到了敖爽，希望他可以参与这项工作。作为

电商平台实体店铺

村干部，敖爽认为自己责无旁贷，为了进一步使电商产业发展壮大，他找到了回乡创业的大学生叶培和左沁灵，三个人一起发展电商，创业三人组就这样成立了。在刚刚起步阶段，三个人筹集了15万元的启动资金，镇政府给他们在店面和场地等方面进行了租金的减免。

在公司成立的初期这个创业小组也曾面临各种难题，如产品质量不过关、标准化程度低、物流费用高等。面对这些难题，镇政府推荐他们去参加各种电商培训，同时还给予了相应的资金支持。2018年以来，三人所创建的重庆犇途赢财商贸公司帮助石鱼镇销售农副产品纯收入达到300万元，其中帮助贫困户销售达到30万

敖爽和叶培在给火龙果装箱

元。2019年底,他们的公司已经成为当地一家知名的商贸企业。

石鱼镇过去传统的销售模式常常是等待外来客商到当地收购,所以很多农产品都烂在了地里,给农民造成了极大的损失。现在依靠电商,避免了这方面的损失,农户的产品不但卖上了价钱,而且成为了畅销品,火龙果、血橙、李子等农产品已经成为当地农民增收的主要支柱产业。在三人小组的创业过程中,当地政府给予了他们很大的扶持,从最初的成立企业到后期的培训等,政府的支持成为犇途赢财发展壮大的基础。

截至2020年,石鱼镇回引了20多名大学生到村任职，其中已经有几名成为了党员以及村里的干部，这些回引的本土人才有思想、有才华、有知识，敢创敢干，成为了村里发展、致富的带头人。从实践来看，这些人才不但成为了当地脱贫攻坚、乡村振兴的重要力量，而且也成为了乡村治理的带头人，通过他们的努力，乡村正朝着更加美好的方向发展。

武隆区发挥"兵支书"作用，带动一方脱贫

武隆区依托退伍军人壮大村干部队伍，"兵支书"群体在基层党组织建设、农村经济社会发展中发挥先锋模范作用，逐步成长为基层党组织带头人、脱贫致富引路人和基层治理生力军，切实助推了基层经济社会更好更快发展，为推动成渝地区双城经济圈建设、推进渝东南武陵山区城镇群协调发展、促进城乡一体化建设、切实提升城乡基层治理水平做出巨大贡献。

武隆区实现"兵支书"群体全覆盖、站位高、能力强、敢担当，形成了以点带面、一域服务全局的战略格局。全区"兵支书"群体现有182人，包含"兵支书"〔第一书记、村（社区）党组织（副）书记〕及"兵支书"后备力量〔驻村工作队员、村（居）委会（副）主任、村（社区）"两委"成员、专职干部、本土人才、村（居）

民小组长]。从"兵支书"群体所任职务看,驻村第一书记22人、占12.1%,驻村副队长2人,村(社区)党组织书记34人、占18.7%,村(社区)主任18人、占9.9%,副主任6人,下设支部书记12人,村(社区)"两委"成员34人,专职干部15人,本土人才3人,村民小组长47人。从年龄结构看,60岁以上的有23人、占比12.6%,41—60岁的有107人、占比58.8%,31—40岁的有46人、占比25.3%,30岁及以下的有6人、占比3.3%;最小年龄24岁,最大年龄70岁,平均年龄49岁。从文化水平看,大专及以上学历48人,中职高中学历74人,初中及以下学历60人。从任职年限看,任职3年以下的有53人,4—10年的73人,11年及以上的56人;最短任职3个月,最长任职34年,平均任职8.39年。从服役年限看,服役2年的33人,超过2年的149人,平均服役年限4.45年。

2019年,武隆区"兵支书"群体被中央军委国防动员部确定为脱贫攻坚工作重大典型,《解放军报》《中国国防报》等中央和市区级媒体做了专题宣传报道,肯定了武隆区"兵支书"群体在基层党建、基层治理、脱贫攻坚中发挥的积极作用。

"兵支书"充分发挥退役军人服从组织领导、统筹协作能力强、甘于付出奉献的部队精神,带动村级班子队伍工作作风持续转变,扎实增强班子队伍的组织力和凝聚力，号召党员、群众、退役军人积极参与村内建设，汇聚各方力量、凝心聚力在基层建设中、在各种急难险重任务中勇于担当、敢于挑战。近三年，18 名退役军人任党组织书记的村（社区）党组织获得"先进基层党组织"表彰，16 名担任村（社区）干部的退役军人获得"优秀党务工作者"表彰，37 名"兵支书"被评为"优秀共产党员"。如接龙乡两河村"兵支书"徐斌，作为一名参战退役军人，任职以来，狠抓基层党组织队伍建设，培养退役军人到村任职，实现了支部书记、村主任、综合服务专干均为退役军人。积极推行党员设岗定责，履职情况每月评比，全面带动作用发挥。通过抓队伍、促党建，两河村基层党组织建设进一步夯实，实现了"后进变先进"，促进了两河村产业发展和基础设施建设。2020 年以来，两河村已投入资金 100 万元，正在打造青龙嘴美丽乡村示范点。

"兵支书"在矛盾纠纷化解中充当先锋，以个人示范带动整体联动。成立由"兵支书"任组长的村级矛盾纠纷排查工作专项组，做到"兵支书"亲自抓矛盾纠纷化解，以"军令状"形式层层与村社干部签订了矛盾纠纷责任书，落实工作责任。同时，组建"兵支书"为主要成员的退役军人联络员，利用战友关系及时掌握思想动态，解决实际问题，正面引导和化解退役军人的矛盾信访问题，做到"依靠群众、矛盾不上交、就地解决"。

2019年，全区"兵支书"所在村（社区）共接访退役军人1390余人次，登记诉求核查台账141件，网上处理32件次，解决历史遗留应安未安3人。在庆祝新中国成立70周年期间，武隆区实现退役军人到市进京"非访"零目标，也是全市唯一实现到市进京"非访"零目标的区县。后坪乡白石村"兵支书"黄华杰，借助市司法局帮扶"优势"，联合第一书记成立了"让一让"调解工作室（被评为"重庆市优秀人民调解委员会"），创设了"四步调解工作法"，共调处化解各类矛盾纠纷100余件，重大疑难矛盾纠纷18件，防止民转刑矛盾纠纷2件，多次把矛盾纠纷化解在基层，实现到市进京非访"零目标"。

在武隆区，"兵支书"带头发展产业，积极吸引周边贫困户参与，对贫困户开展产业发展指导和规划，发挥"兵支书"在全村产业发展中的"领头雁"作用，形成"兵支书＋产业＋贫困户"机制。有经济实力的"兵支书"发展村集体经济、乡村旅游、高山蔬果种植等，让贫困户以土地或资金方式入股，形成利益共同体，解决贫困户就近就业，增加贫困户收入。2019年，在退役军人任党组织书记、村（居）委会主任的42个村中，集体经济收入达5万元以上的村有11个，最高收入超20万元，基本实现"空壳村"清零减量。如黄莺乡黄莺村"兵支书"刘其发，利用外出创业积攒的资源，大力发展产业带动贫困户增收。吸引18户贫困户投资3.6万余元入股水产养殖，按照每年5%进行保底分红，4户贫困户直接参与经营管理，15户贫困户实现养殖基地务工增收。同时，刘其发按照众筹模式，在武隆城区开了一家生态鱼庄，吸引8名贫困户入股12万元。鱼庄很快就实现了盈利，贫困户入股资金基本返还，将根据收入情况及时对入股贫困户进行分红。

"兵支书"群体作为与退役军人联系的桥梁纽带，在确保各项退役军人政策有效落实上发挥了重要作用，实现了对退役军人的服务保障精准、政策解读精准、困惑化解精准。同时，"兵支书"群体思想素质高、政治上可靠，能够时刻保持无私奉献精神，时刻冲锋在前，在基层抢险救灾、突发事件处置等方面充分发挥了带头作用。凤山街道红豆社区"兵支书"彭小兵，在新冠肺炎疫情防控期间，不顾个人安危、不计个人得失，讲政治、顾大局，舍小家、顾大家，每天工作18个小时，把社区当战场，切实发挥了基层党组织战斗堡垒作用和共产党员先锋模范作用，与35名在职党员、92名党员、877名居民代表密切联系，设立了党员先锋岗、退役士兵岗、参战老兵岗、和谐邻里岗、光荣之家岗等，筑牢战"疫"第一道坚固防线，实现确诊病例、疑似病例"零目标"。[1]

1.《充分发挥"兵支书"群体在基层党组织建设中作用的调研报告》，2019年。

典型案例："兵支书"黄朝林回乡任职带村致富

说起"兵哥哥",我们能想到的便是坚守浇筑成的信仰、困难磨砺出的担当和风雪培育出的乐观,黄朝林正是这样一位退伍军人。退伍之后,黄朝林找到了一份销售工作:在水泥厂卖水泥,2003年由于环境整治,水泥厂被关停,他又到铁路局工作,积累了一定的工作经验后,黄朝林在2012年被重庆市的一家国企录用。在国企工作的几年里,黄朝林一直是单位重点培养的骨干青年,大有可为的职业前途和幸福美好的城市生活正在向他招手。而在外工作的他,却时常念起自幼生活的家乡,那些年里,他总会回乡看看,那时的香房村垃圾遍地、污水横流,村容村貌差;产业发展滞后,种植业还停留在玉米、红薯、土豆这"老三样";村民们蓬头垢面、精神面貌极差、思维僵化落后,住的也大多是破旧的危房。黄朝林看到这样的景象,心里很不是滋味,他总想着必须为家乡做点什么,不然就愧对家乡。

在寻找机会时,机会往往也在寻找这个有志者。2016年3月,在赵家乡进城务工人员座谈会上,黄朝林表达了胸怀已久的发展家乡的愿望,当时的香房村正需要一位年轻睿智的领头羊来领导,因此他在会上的发言得到了赵家乡党委的高度重视,不久,党委书记就带领班子成员到黄朝林工作的武隆区找到了他,动员他回村担任支书。这让黄朝林陷入了长达半个月的纠结与煎熬,

香房村村委会

一方面，他从未有过农村工作经验，对于回乡任职这份重担心里没底；另一方面，妻子极力反对他这一"莽撞"决定，孩子掉着眼泪叫爸爸别走，母亲也被气得说不出话来，单位领导更不愿意放走他这只"潜力股"。深思熟虑过后，黄朝林最终说服了自己也说服了家人，决定辞去国企职务，回村任职。听闻黄朝林要回村担任支书，村里人都很不理解，甚至还有些冷嘲热讽，有人说他想捞钱，有人说他想过官瘾。村民不信任，家人不支持，乡邻看笑话，其中的苦涩和辛酸只能默默承受着，他暗地里下定决心一定要带领香房村脱贫致富，也只有这样才能让笑话变成佳话。

香房村村支书黄朝林

2016年8月,黄朝林接过村支书的接力棒,第一次召开党员大会,全村52名党员,只有不到10个人参会,党支部凝聚力、向心力严重不足。俗话说,"群众看党员,党员看支部""火车跑得快全靠车头带",黄支书认为当务之急就是严抓党员干部、整顿提升党支部,于是他要求,除长期在外打工的党员以外,其他党员干部必须按时参会,不能无故缺席,否则就对其进行约谈。在黄支书的带领下,软弱涣散的党支部有了很大改观,第二次党员大会时,行动方便的党员基本都能到位。在这之后,黄支书又为支部安排了多次宣传教育活动,内容涉及十八大、十九大的重要精神、国家的方针政策以及党中央对党员队伍建设的要求,力图提高党支部成员的政治素养和党性修养。在村"两委"换届时,上届村综治专干陈小兵原打算辞职外出务工,黄支书三番五次去他家里劝说,最终说服他报名参选了村主任;综合专干黄宗学、综治专干张先伦也是黄支书用同样的方式留在村上的。有了志同道合的一班人,黄支书做的第一件事就是带领村干部进社入户,查村情、听民意,他给村干部提出了"大事不出村,小事不出社"的办事要求,教育村干部给百姓办事要从端凳子、递热茶开始。

为了迅速打开村上的工作局面,争取老百姓的信任和支持,黄朝林千方百计协调争取到扶贫资金 30 万元。当时的香房是泥结石路,加之常年无人养护,路况一差再差,每逢下雨,路面就泥泞湿滑,村民不仅要穿雨靴才能通行,还经常发生摩托车滚落山下的事故。于是,黄支书决定将这 30 万元用于道路改造,用石子和土重铺并加宽了道路、填平了坑洼,成功改造了 4 个农业社 10 多公里的村社道路,村民出行、车辆过往都顺畅起来。老百姓得到了好处、享受到了实惠,对香房村的发展重拾希望。

黄支书小时候总是被同村一个身强力壮的男孩儿欺负,1996 年,他这位童年的"克星"意外摔下屋顶,患了半身不遂,大小便失禁。这位村民听说黄朝林要回乡任职,内心十分惶恐,他担心黄支书还对他怀恨在心,

通往香房村的山路

会公报私仇。没想到黄支书回村后看到他的样子，心里非常难过，立即买了轮椅和尿不湿给他送去，还为他筹款捐钱，他因此十分感动。这件事也在村里传开，老百姓对黄支书的好评攒了一箩筐，认为他不仅有作为，而且是个宽容大度的好人。

紧接着，黄支书又开始谋划改土工程，这一工程主要是为了剔除土层中的石块，提升土地质量，便于灌溉和耕作。改土工程在2013年就计划实施，然而老百姓们看不到这一工程的长远利益，只觉得铺设管道和修路

黄朝林在看望贫困户

会占用他们的土地，因此十分抵触，甚至坐在挖掘机的挖斗里示威，项目也就这样一直拖延。这本是一个民生工程，眼看着就要被拖黄了，黄支书觉得太过可惜，心有不甘，为了转变村民思维、推进工作开展，他带领村干部遍访全村了解村情民意，不分昼夜入户做思想工作，讲明工程实施对交通、灌溉、土地的积极作用，宣传党和国家的支持政策。土地是农民的命根子，黄支书深知大家担心的是土地流失，于是他做出承诺：如果改土工程把大家的土地改小了，他就用自己家的土地补给村民。功夫不负有心人，黄支书的付出和诚意老百姓都记在心中，对工程的理解和接受程度也日渐提高，工程队终于在2017年3月进驻开工。项目虽开工了，但麻烦也接踵而来。当路修到某村民承包地时，他横竖不让过，大家实在拿他没办法，黄支书就在私下里把母亲的自留地补给了他。几个月来，不乏一些不配合的群众来闹事，黄支书动之以情晓之以理，甚至牺牲个人利益，将矛盾纠纷全部处理解决在社里。一条2公里长的产业路连通了三个农业社，梯式耕地提高了土地利用率，旋耕机驶

黄朝林监督改土工程

入田地实现了机械化,老百姓看到了希望,香房村的工作也得到了镇党委的高度认可。

2017年,黄支书在一次集中走访时发现,灯盏农业社7户老百姓的房屋倾斜得很厉害并且漏雨,已经成了危房,其中有3户还是贫困户,他当时的第一反应就是这样的房子不能再继续住下去了,得想办法让老百姓搬出去。但他没想到的是,搬出去的过程竟如此艰难。刚开始时,老百姓都站在一边观望,他们一致的口径就是"钱都没得,哪个搬"。的确,钱是最关键的问题,只要有了钱,建了房,老百姓自然可以搬得出。自此,黄朝林的筹钱之路便正式开始了。首先,他想到的就是动用关系找身边亲人朋友借钱,但大多数亲友都不理解、不支持,更担心这钱借出去便不会再有音讯,他找遍了所有人仅筹到了8万多块钱。这来之不易的8万多块对于建房这一浩大工程来说也只是杯水车薪,必须还得想其他办法。一次偶然的机会,黄支书得知重庆银行推出了"村干部授信贷款政策",每位村干部可以贷款30万元,他想,如果大家都出一份力,岂不是很快可以筹齐资金,于是他立即召集村干部开会,会上说明情况后,大家却都沉默了,能够看出来,大家都有顾虑。但黄支书觉得老百姓有困难,村干部必须要站出来,支部书记更要第一个站出来,所以,他决定以个人名义先贷款。这一贷款政策是需要家属签字的,当听到他说要贷款给老百姓建房的时候，妻子大发脾气。黄朝林好话说了个遍，妻子就是不同意、不签字。那时候妻子带着孩子住在城里，黄朝林就天天回家，并且表现得非常积极，买菜做饭、打扫卫生、收拾屋子，他自己还笑称："这几天我把这辈子的家务都做了，一样也没落下。"最终妻子经不住他的软磨硬泡，还是把字签了。就这样，黄支书成功从银行贷款30万元，加上之前借的8万多块钱，启动资金就到位了。

虽然钱有了，但毕竟是借贷来的，大家还是担心还不上，不敢用。黄支书又开始挨家挨户做工作，他向大家承诺，银行的钱他来想办法还，贫困户的借款一不打借条、二不付利息、三无限期还款。这样，7户老百姓才放下心来，答应建房搬迁。黄朝林回乡任职之前的职业生涯虽然坎坷波折，但也为他积累了不少的人脉和资源。为了保证质量和节约成本，黄支书亲自联系人工、采购和运送建材，几乎天天吃住在工地上。经过10个月的建造、2个月的装修，房子接近竣工，可难题又尾随而至，人工工资和装修材料款合计170万元又该去哪里筹？"一分钱难倒英雄汉"，何况是100多万元呢，这次黄支书真的是被逼急了，他打起了重庆房子的主意，也只有这样，才能以最快的速度筹到这笔钱，兑现他对7户村民的承诺。可这房子是为儿子以后在重庆读书买的，妻子得知黄朝林想卖房后震怒，一气之下把他的电话、

黄朝林发展的螃蟹产业

黄朝林发展的酿酒产业

微信都拉入了黑名单。这时他想起来和妻子恋爱时，通信技术并不发达，那时他们是用信件来沟通交流的，于是他开始将自己的心里话写在信里寄给妻子，他觉得房子以后还可以再买，但如果失去了民心，那是多少钱也买不回来的。凭借一封封沉甸甸的信件，他最终做通了家属的工作，卖房还上了欠款。

2018年，当7户老百姓乔迁新居时，黄支书杀猪、宰羊、买菜为他们庆祝，在鞭炮声中，村民们紧紧握住黄支书夫妻二人的手，感激之情无以言表，黄朝林和妻子都流下了眼泪，这时的妻子也更加明白为什么黄朝林会如此无怨无悔。一年过去，贫困户杨世尧将16万元借款还给了黄支书，搬迁新居不仅让几户人家住上了新房子，也激发了他们创造美好生活的内生动力。

香房村在一步步变好。但黄支书心里清楚，要想让老百姓富起来，还得发展产业。2015年黄支书有幸参加了重庆市千名农村电商带头人培训，这一新奇领域激发了他的浓厚兴趣，黄支书萌生了发展电商、扩大农副产品销售渠道的想法。香房村每家每户都悬挂着风干的腊肉，这些腊肉品质好、色泽鲜红透明、味道香美、保存时间久，村里种植的土豆个头虽小但口感软糯，除此之外，还有村民从事竹笋、豆类种植以及土鸡养殖。黄支书带领村"两委"班子，在"一村一品"的基础上，提出了"一社一品"的产业发展思路。经过几年发展，后坪的花椒、放牛坪的板栗、灯盏的黄连等也都已初具规模。黄支书希望借助电商平台可以使这些农副产品有个好销路。说干就干，黄支书开始动员老百姓、村干部，还有乡干部，利用朋友圈、开微店等方式，寻求农副产品的销售路子。为了方便收购老百姓的农副产品，黄支书再次掏家底购置了一台皮卡车，当起了司机，义务为老百姓接货、送货。2017年，香房村"赵佳人"农村电商服务点上线，特色农产品以及高山腊味、核桃、野生猕猴桃、土鸡蛋、赵家洞藏酒等农副产品销售火爆，当年累计销售30万元。贫困户郭超树家囤了42斤滞销的竹笋，黄支书到他家后，发现这些竹笋密封保存得很好，还是金黄金黄的，完全没有受潮，便以30元一斤的价格全部帮他卖了出去，当把1000多块钱交到村民郭超树手上时，从未了解过电商的他简直难以置信，自己曾经费尽力气把产品运到城里都卖不出去，黄支书居然足不出户就帮他解决了难题，感觉像是在做梦一样。黄支书不仅积极收集各家各户的产品存货信息、帮助大家解决销路问题，而且用电商所获利润来关爱"三留守"：给留守儿童买书包、文具，给特别困难群众发抚恤金，给空巢老人买过冬的保暖衣物……越来越多的村民享受到了电商产业的发展红利，更看到了农村发展产业的重要性。村里的党员贫困户在外学习了养蜂技术后，回村成立了专业合作社，带动全村养蜂致富，合作社产的蜂

黄朝林在进行直播带货

蜜属于百花蜜，不仅浓度高且含五味子、五倍子、黄连花等中药成分，品质极高。畜禽专业合作社牛的养殖数量从最开始的几十头到现在的几百头，马上要发展到上千头。香房村利用"赵佳人"农村电商平台，实现电商销售额翻翻增长，年累计销售农副产品超过300万元，老百姓的钱包一天一天地鼓了起来。

在党建引领下，香房村结合特色旅游和电商扶贫，乡村振兴的规划道路愈发清晰。黄支书刚到香房村时，每年村集体收入为负，现在通过发展生态鱼养殖，集体经济日益增收。黄支书还计划通过法律途径收回承包商没有实实在在投入生产运营的承包地，最大化开发利用村上的资源，通过村集体经营、贫困户入股壮大集体经济、搞活扶贫车间，让更多人参与到产业发展中。几年

黄朝林参加农产品展销会

香房村村委会的荣誉墙

前的香房村还是没有生机与活力的穷乡僻壤，正是黄支书这样的一批人，才使得家乡脱贫致富、实现小康。越来越多的年轻人看到家乡的变化，感受到家乡未来的希望，也鼓起勇气回到这片热土，踏踏实实干事业，做勤劳创新的致富带头人。有了众多肯吃苦、能钻研的返乡人才，香房村的发展一定会越来越好。

忠县抓实"乡情引才"促进脱贫攻坚

忠县牢固确立人才引领发展的战略地位,立足30万外出人员资源优势,着力打好"乡情牌""事业牌",实施"忠县籍在外人才回引工程",突出乡情引才引智,吸引本土外出人才返乡创业就业。2019年,全县回引22889人,其中返乡就业20002人、返乡创业2887人,为推动忠县高质量发展提供人才支撑。

突出"拉网式"调查摸底,构建信息系统。一是全面动员部署。召开全县人才普查暨30万外出人员和成功人士调查摸底动员会,编印《人才普查工作手册》,明确统计口径、信息采集、信息录入等内容。明确乡镇部门职责分工,乡镇(街道)专职副书记、部门分管领导具体负责,推进落实调查摸底工作。各乡镇(街道)主要通过召开培训会、山头喇叭、QQ群、微信群等方式大力宣传人才普查的重要意义、相关要求,提高工作知晓度、工作人员积极性。二是入户走访调查。采取"乡镇—社保所—村社区—居民小组"四级联动调查统计机制，对照公安户籍人口，对外出人员进行"拉网式"调查摸底，调查收集全县30万外出人员工作地点、单位、工种、联系电话等基础信息。建立定期通报制度，采取"随机抽查1个村+召开座谈会"的方式，对全县29个乡镇街道和5个重点部门进行全覆盖督查，对调查摸底工作重视不够、进度迟缓、信息准确率低的单位，要求限时整改。同时，加强经费保障，由县财政按3元/人的标准补贴村社干部调查摸底的通信费、交通费，确保工作效果。三是建立信息系统。开发"忠县人力资源暨30万外出人员信息系统"，设置信息采集、可视系统、信息发送、报表统计等板块，分省市、分类别建立外出人员数据库，并进行动态更新。信息系统上线运行后，已收录在外人员31.3万人、县内28.8万人。通过信息系统分析统计外出人员地域分布情况、行业工种等信息，在重要节假日定向对外出人员发送慰问短信，定向推送县内企业用工需求、发展动态等信息，实现信息化管理。

突出"高规格"宣传发动，营造浓厚氛围。一是明确人才回引目标任务。结合忠县产业发展、企业用工、乡村振兴等人才需求，每年下发通知明确每个乡镇街道在外人才回引目标任务。建立在外人员QQ群、微信

忠县东溪镇举行本土人才技能提升培训会

群 370 余个，通过推送"2018 我们这一年"宣传片、创业就业政策宣讲会、给返乡人员一封信等方式对在外人员宣传创业就业政策。二是县乡村宣传引导。每年在春节期间高规格召开"忠县籍在外人士代表新春茶话会"，县委书记、县长等"四大家"[1]所有县领导全部出席会议，邀请 200 名在外成功人士参会。各乡镇街道春节期间组织召开在外人士代表座谈会共 29 场，邀请在外人员参会 1480 人。各村社区抢抓春节集中返乡黄金期，开展返乡创业就业政策宣传，进一步营造返乡创业就业浓厚氛围。三是社会各界广泛参与。全县各级学校、医院、

---

1. 指党委、政府、人大和政协。

企业，以及全国各省市忠县商会、同乡会、联谊会和忠县在外人士等，积极发挥人脉优势，主动提供人员信息，加强联络，在全社会掀起返乡投资兴业、创业就业热潮。

突出"精准化"联系对接，加大回引力度。一是瞄准在外优秀人才。把在外人员中涉及党政机关、事业单位、自主创业、企业高管等4100余人，编印成《逐梦他乡忠县人名录》，瞄准忠县籍企业家、企业高管、高校毕业生、技能人才等在外人员，通过开展"认亲＋结亲＋帮亲"活动，实现招人才、引项目。二是搭建人才回引平台。建立"县—乡镇（街道）—村（社区）—居民小组"在外人员四级微信群，实现县外人员全覆盖，方便联系、宣传政策。充分利用30万外出人员信息系统、"忠县招聘"微信公众平台，定向推送县内企业用工需求，让返乡就业者与企业需求精准对接。举办返乡就业专场招聘会10场，累计达成求职意向3000余人。三是坚持招商引才并举。成立11个专业招商引才组，充分挖掘30万外出人员资源，大力开展情怀招商、乡情引才，由县领导分别带队外出对接联系忠县籍企业家、在外优秀人才，形成部门、乡镇街道、专业招商组同台竞技、相互激励机制。各级干部全年外出招商引才2048天、拜访企业1945家，回引各类项目219个。

突出"保姆式"跟踪服务，促进创业就业。一是强化政策支持。出台企业送工补助、社保补贴政策,最高给予中介机构 300 元 / 人的送工补助,给予民营企业新招录员工前 3 个月社保补贴,补贴标准为每人 300 元 / 月。制定农民工返乡创业扶持政策,县财政每年安排 1000 万元用于扶持农民工返乡创业。配套出台创业种子基金、高层次人才来忠创业、科技成果奖励等政策措施,加大创业就业支持力度。二是提升创业就业能力。针对返乡人员开展"SYB 创办你的企业"、企业上岗、技术技能等培训,全年为返乡人员创业、岗前培训 5052 人。围绕特色效益农业发展,组织返乡农民工开展柑橘、竹笋、生猪、生态鱼等农村实用技术培训 8120 人。举办创新创业大赛,为返乡人才、项目、资金等要素对接搭建平台、促进交流,提升能力水平。三是提供优质服务。建立人才"一站式"服务平台,开设人才招聘、社保补贴、创业贷款、人才服务等窗口,为各类返乡人才创业就业、档案管理、贷款融资等提供"一站式"服务。引进 2 家人才中介机构入驻平台,为企业引才提供服务。先后通过忠县籍人士引入三一集团投资 62 亿元建设绿色智能建筑产业园、回引忠县籍企业家周文元投资 40 亿元建设高端装备制造产业园等一批重大项目落户忠县。[1]

---

1. 《忠县抓实"乡情引才"服务经济发展》,2019 年。

陈玮接受采访

典型案例：忠县"花椒夫妇"返乡创业带动四邻八乡致富

　　已五十出头的陈玮和谢淑芬夫妇是忠县白石镇华岭村的花椒大户。谁也想不到，如今常住村里、每天在田间地头照料花椒树的夫妻俩，曾经一个在重庆主城做建筑工程，一个做香料生意，二人都当起了老板，不愁吃穿，生活富足。

　　因家中贫困，陈玮高中毕业后便到重庆主城打工，20年来，从工地的一名小工逐渐做到老板，拥有多套房产，腰包也越来越鼓。5年前，陈玮夫妇了解到，以前每斤几十元的干花椒跌到一斤15元，重庆市乃至西南地区的花椒种植面积迅速缩水。种植面积不断减少，花椒未来的价格肯定会涨，夫妻俩认为，这是个好机会。2011年，陈玮和妻子谢淑芬商量之后，就想着既然要创业，哪能不回村里带领乡亲们一起致富，摘掉贫穷的"帽子"。想法是好，但花椒种植并不是他们熟悉的行业，一切都要从零开始，要带领乡亲们一起脱贫，确定华岭村是否适合种花椒树是关键。夫妻俩种植花椒前，专门将华岭村的土壤送到相关部门检测，发现土壤条件非常合适，就这样，陈玮夫妇决定了创业项目——花椒种植。这个想法遭到了儿子甚至全家人的反对，但陈玮夫妇没有听取家人们的建议，还是选择回乡发展，在华岭村成立了忠县杨家岩花椒种植有限公司。

有了项目，陈玮便亲自去江津区学习花椒种植知识。2012年，陈玮夫妇开辟山地，从江津区购回13万株花椒苗，种植面积达到1060亩，并雇请当地村民把花椒苗栽种到地里。但并不是一切都如想象中顺利，13万株花椒苗存活下来的不足3万株，这一下就让陈玮夫妇损失了16万余元。在忠县农委的帮助下，他们了解到忠县的气候和当时他们学习技术的江津区不同，花椒种植必须要因地制宜才行。他们没有被损失吓得心灰意冷，而是根据忠县的气候和土壤进行技术改良，更坚定了管护好花椒的决心。第二年3月，陈玮夫妇又从江津区购回了10万株花椒苗栽种。这回，新栽种的花椒苗90%

花椒加工基地

都存活了下来。随后他们还建起了花椒苗圃和加工厂。2019年，陈玮夫妇的花椒基地初产鲜花椒两万斤，最多的一棵花椒树产花椒达到了8斤，他们将两万斤鲜花椒加工成4000多斤干花椒，提高附加值。同年，陈玮夫妇的公司和重庆九龙坡区盘溪市场签订了供货协议，还注册了"玮联"花椒品牌，生意蒸蒸日上。

花椒种植的规模慢慢扩大，他们雇请的工人也越来越多，陈玮夫妇免费给村民培训关于花椒种植的相关知识。在采摘花椒的忙碌季节需要100人，平时需要30人，而这些工人都是来自华岭村的村民，每天基本收入有50元，还有奖金制度。因为华岭村大多数青壮劳动力都外出务工，所以村里有很多的留守妇女，村民们纷纷表示，有了花椒产业，让他们在家门口就能就业，收入

村民在花椒地里辛勤劳动

也增加了。

除了给华岭村的村民免费培训，作为忠县花椒种植第一户，陈玮夫妇还免费开办农民田间学校，对忠县各个乡镇中想种植花椒的农民进行生产需求方面的系统培训。在花椒树整个生育期的不同阶段，带领农民对花椒进行田间系统调查，如从土壤湿度、植株虫害病害、枝条长度、杂草状况、土壤板结、排水等方面进行分析和讨论，制定出切实可行的正确措施并实施于生产、工作实际。如今，陈玮夫妇的花椒种植公司以"基地＋大户"的发展模式，在忠县白石镇、汝溪镇、兴峰乡、黄金镇等地种植花椒近3万亩，带动了一大批种植户种椒致富。

回乡创业期间，陈玮夫妇主动加入"一对一"扶贫

陈玮夫妇帮扶的一户贫困户

的行列，帮扶华岭村杨家春、陈仕泽、王晓奎、杨建华共四户贫困户，给予物质和精神上的支持。

　　陈玮被评为全市"扶贫先进个人"，在他看来，称号什么的不重要，其实在帮助贫困户的时候他们也会帮助自己，付出都是互相的。在陈玮夫妇的花椒加工基地下面不远处，就住着他们帮扶的一户贫困户杨家春一家三口。为了让他们多点收入，平时有什么工作陈玮都会优先让杨家春做。而当陈玮夫妇不在家的时候，杨家春也会过来帮忙照看，下雨时帮忙关门，帮忙喂鸡鸭，这让陈玮夫妇特别放心。陈玮夫妇和其他几户住得近的留守老人也相处得很好，老人们也有了一种心理的依赖，有事就找陈玮。比如他们生病了，陈玮都会马上带老人们去看医生并垫付医药费。

农村精准扶贫需要政府支持，但更需要社会爱心人士的帮助，需要像陈玮夫妇这样的农村致富带头人。一家富起来，带动四邻八乡一同致富——这样的社会主义共同富裕之路，是实现全面小康目标和农村脱贫致富的有效途径。

本章涵盖了重庆在回引本土人才返乡就业方面部分地区所探索的先进做法和经验，在介绍这些地方的先进经验的同时，对比较典型的人物的先进事迹以案例的形式进行了呈现。这些人物当中既有返乡创业的大学生，也有打工返乡的青年，还有从部队复员的转业军人以及在城市做生意返乡创业发展产业的成功人士，这些人员分别以自己鲜活的案例呈现了重庆在回引本土人才返乡创业方面所做的工作。在这一章中所介绍的这些人物只是部分本土人才中的代表，他们身上所具备的乡土情怀和时代责任已经内化成了当地脱贫攻坚的精神价值。这些乡土人才的回流为打赢脱贫攻坚战提供了有效的人才支撑，使很多贫困村的产业发展起死回生，村庄集体经济有了良好的发展，同时本土人才的回流充实了村庄一级的干部队伍，提升了村干部的整体素质，通过本土人才的作用，加强了村一级党组织的凝聚力和战斗力，为打赢脱贫攻坚战提供了良好的组织保障。当然，通过脱贫攻坚过程也使本土人才得到了良好的锻炼，在脱贫攻坚过程中所实施的一系列政策需要本土人才的参与才能完成,而本土人才通过参与脱贫攻坚过程中的一系列工作也使其能力得到了有效的提升。从这一章所呈现的具体案例来看,这些本土人才所发挥的功效不但对重庆的脱贫攻坚发挥了巨大的推动作用,而且对于进一步繁荣农村经济、为乡村振兴的发展提供了坚实的基础。

第三章·本土人才对脱贫攻坚的成效贡献

怎样回引本土人才

习近平总书记指出,"功以才成,业由才广"。[1]人才是创新的第一资源。没有人才优势,就没有创新优势、科技优势、产业优势。人才是推动经济社会发展的第一资源,是农村贫困人口实现稳定脱贫的重要力量,在打赢脱贫攻坚战中具有一定贡献。贫困地区要走出发展的困境,实现精准脱贫,离不开资金、物资、技术等各种资源的支持,但这些外部资源效用的发挥,必须通过人才来把握和实现。人才作为人力资源中能力与素质较高的群体,是组织、管理和使用各类精准扶贫资源并使之有效发挥作用的能动性、主动性和关键性要素。人才对于贫困地区的重要性远超过其他资源要素。推进贫困地区的精准扶贫、精准脱贫和成果巩固,必须把培育与回引人才放在突出位置。可见,完成和巩固脱贫攻坚成果需要解决人的问题,最根本的就要加强贫困地区人才队伍建设,通过人才质量提升助力乡村振兴,实现重庆脱贫攻坚成果的可持续性。

近年来,回引并充分发挥本土人才的影响和带动效应已经成为重庆贫困地区高质量脱贫的重要举措。重庆市把留住和用好本土人才作为破解人才匮乏的根本任务,大力改善环境、搭建平台、培育人才,让本土人才

---

1. 习近平总书记在参加十二届全国人大三次会议上海代表团审议时的讲话,2015年3月5日。

2019年3月，重庆市召开全市社会组织参与脱贫攻坚再动员会议，学习贯彻习近平总书记关于扶贫工作重要论述，安排部署全市社会组织参与脱贫攻坚工作

2020年重庆英才大会

得到尊重、发挥作用、提升能力，推动经济发展。实施"领雁回归"计划，打好"乡情牌"，通过全市上下动员、精准对接回引、助力创业就业，支持和培养本土人才，把培养本土人才摆在突出的位置，促使本土人才成为脱贫攻坚的主力军，变成乡村振兴的主要"参赛选手"，打造"不走的扶贫工作队"，通过智力贡献、技术贡献、带动贡献和发展贡献，保障重庆贫困地区顺利脱贫。

扶智扶志：本土人才的智力贡献

本土人才的智力贡献主要是在扶智与扶志的过程中体现的。本土人才的智力贡献主要表现在建言献策、分析研判政策、瞄准市场前景、灵活解决问题等多个方面。

一、积极建言献策，为政府决策谋思路

重庆市的本土人才主要包括专家学者、本地大中专毕业生、外出创业技能群体、致富带头人、复员军人等，这些群体构成了重庆脱贫攻坚过程中的重要人才资源。本土人才的智力贡献主要表现在以下几个方面：首先，通过"乡情式"引才增加脱贫攻坚的情感温度。实施"人才回引计划"，建设政府专家人才发展智库，鼓励本土人才投身家乡建设，在家乡充分释放智慧才能。重点整合本土人才资源，在县、乡、村分别组建"本土

人才扶贫智库",将本土人才基本信息收集汇总、建库管理,并按照就近服务原则,组织本土人才依据贫困群众发展实际和需求提供"订单服务"。将本土人才基本信息制成便民服务卡发放给贫困群众,实现本土人才精准服务贫困群众无缝对接。截至2020年底,重庆回引本土人才万余名,成为助推当地脱贫攻坚和乡村振兴的重要力量。其次,政府在脱贫攻坚各项决策中吸引本土人才积极参政议政,听取本土人才关于产业发展规划、补贴帮扶政策、基础设施建设等方面的政策建议,充分发挥他们瞄准问题实际、分析问题准确和解决问题精准等优势,不断提高重庆市各级政府脱贫攻坚的决策效果。最后,部分本土人才被选为村"两委"委员或政协委员,充分发挥他们在脱贫攻坚中的"领头雁"及政治协商、民主监督和参政议政能力,为实现重庆脱贫攻坚保驾护航。

二、分析研判政策,提高贫困户接受度

脱贫攻坚中存在的最大问题就是政府与农民之间关于扶贫政策的信息不对称,农民对政策理解偏差影响到政策实施效果。重庆市鼓励本土人才充当政策"解说员",在政府政策与农民之间搭建信息"桥梁"。一方面,通过集中线下培训和线上培训、定期不定期授课的方式向

贫困群众宣讲政策出台的背景、目标、实施步骤和预期效果等内容，提高贫困户对政策的知晓度。另一方面，推选有威望、信得过、能带头的新乡贤开展脱贫政策宣讲，通过新乡贤发挥政策引领作用，增强贫困户对政策的知晓度与理解度。搭建传递经验讲台，发挥人才辐射效应。通过互联网教学平台，邀请有实战能力的专业人才走上讲台，让"土专家"和"田秀才"走上讲台，做好脱贫攻坚政策解读与讲好脱贫攻坚故事，不断提高贫困户对政策措施的接受度。此外，本土人才充当政策执行效果反馈"快递员"，通过实地了解贫困户在政策实施中的问题将政策实施情况反馈至决策者，有助于政府部门及时调整政策偏误，加速脱贫攻坚进程。

三、瞄准市场前景，为产业发展定方向

农产品市场竞争力不足是制约重庆贫困地区农业产业发展的瓶颈因素。重庆市紧紧抓住本土人才让农产品融入市场价值链的作用，通过设施补助、贷款贴息等政策帮扶措施，提升本土人才在提升农产品市场竞争力中的杠杆作用。首先，返乡创业的本土人才能够敏锐捕捉到农产品市场需求信息，分析市场中农产品的产业规模、产业特点和品种优势等内容，把握农产品市场需求走势，做好产品供需预测，为返乡创业提供强劲、精准

的信息支持。其次，本土人才能够根据农产品市场需求信息，深入挖掘本地农业和文化资源，通过"文化＋农产品"组合拳打造并赋予特色农产品以文化内涵，并着力开发重庆本地特色农产品。此外，本土人才通过积极申报特色农产品注册商标和地理标识等知识产权，不断提高本地特色农产品的知名度和市场竞争力。最后，本土人才能够促进市场产品需求与本地特色农产品有序对接，瞄准产品市场前景，为本地产业提供切实可行的发展规划和市场导向，在延长产业链条和提高产品附加值的基础上，促使农业产品融入大市场环境，提高农产品可持续竞争能力。

四、灵活解决问题，提高产业竞争力

应对能力是本土人才智力贡献的重要组成部分。农产品市场需求与供给信息严重不对称，市场价格波动风险较大，贫困户难以承担产品市场风险，返贫风险随之增加。本土人才能够带头灵活处理、应对与管理各类安全风险，推动贫困地区群众稳步脱贫。首先，本土人才采取"公司（合作社）＋农户"的总思路扩大产业规模，通过银行抵押贷款与政府资金扶持等途径注入资本金，不断延长农业产业链条，并实现第一、二、三产业有机融合，提高农产品市场风险应对能力。其次，重庆本土人才在做大做强专业化和规模化生产的同时,努力拓展产业经营范围,鼓励并吸纳贫困群体开展多样化的生产经营,并试图通过专业化与多样化生产有机结合的思路缓解农产品市场价格风险。最后,瞄准新冠疫情对农产品运输障碍与市场需求冲击,公司负责人或合作社社长通过打包销售、网络直销、定点对接营销等多种手段,扩大农产品销售范围,缓解本地农产品积压库存问题,持续稳定增加公司、合作社和贫困户收入,为重庆贫困地区产业发展和脱贫攻坚做出重大贡献。

2020年5月,重庆市脱贫攻坚专题培训班在市委党校(行政学院)举办

技术帮扶：本土人才的技术贡献

本土人才所掌握的技术可以转化为脱贫攻坚中的技术贡献。专家学者、驻村帮扶人员、返乡创业人员、本土人才等都在脱贫攻坚中发挥了巨大的作用，这些人员所形成的技术帮扶已经转化成了重庆脱贫攻坚中的有效力量。

一、专家学者型人才的技术贡献

"候鸟式"引才能够解决脱贫攻坚中人才匮乏的关键问题。重庆市创新发展农业技术推广模式，充分发挥专家学者型人才在脱贫攻坚中的技术引领与带动作用。首先，深入推进产学研有机结合，充分发挥专家学者在脱贫攻坚中的技术支持，鼓励他们面向贫困地区产业发展需求与实际问题，增强技术原始创新、集成创新和引进吸收再创新，在农产品的品种培育、技术推广与实践管理等方面取得突破性成果。其次，搭建技术宣讲与推广平台。组建各级专家学者服务队伍，通过开展线上培训与线下指导相结合的培训活动，提高贫困户技术采用的积极性，并降低贫困户技术采用风险，最终提高贫困地区技术综合效益。最后，搭建脱贫一线舞台，推动人才深耕基层。制定乡村人才培养计划，鼓励专家人才下沉脱贫攻坚一线，基层农业技术骨干到贫困村进行指导，充分发挥科技在脱贫攻坚中的技术支撑作用。在特色产品集中优势地区，政府扶持设立专家工作站，实现科学研究与实践推广、实验操作与技术帮扶有机融合，打通专家学者与贫困群体的供需"最后一公里"。

二、驻村帮扶型人才的技术贡献

"对口帮扶式"引才成为本土人才的重要组成部分，助力脱贫攻坚提质增效。首先，教育、卫生、农业等领域专业技术人才指导帮扶。推动优秀医疗专家到村口蹲点帮扶，促使建设乡镇重症医学科、心血管内科等临床专科方面取得新的突破，初步解决贫困地区看病难和看病贵问题，降低贫困户因病返贫风险。大力开展"三走访"活动，即每名种植养殖专家要定期走访一名从事种养殖产业脱贫的贫困户，提供技术指导和培训；每名医疗卫生专家要定期走访一名患病的贫困户，开展义诊和康复指导；每名教育专家要定期走访一名有义务教育阶段学生或有留守儿童的贫困户，帮助学生解决课业难题或进行心理疏导。其次，储备一批乡村好青年，强化脱贫骨干力量。大学生村官、乡村特岗教师、西部志愿者等到脱贫攻坚的重要岗位进行历练。着力打造农村挂职本土人才、村级后备人才信息库。建立高校毕业生见习基地，高校毕业生和退役军人返乡参与脱贫攻坚工作。最后，"不走的专家队伍"，提供技术支持。优秀专业技术人才深入乡镇、村和基层一线，发挥专业特长，助力基层脱贫攻坚。优秀专业技术人才深入到乡村、学校、医院、中小企业等基层一线，优秀人才智力资源向基层柔性流动能够发挥他们的示范带动作用。每位优秀专业技术人才按专业分类与一个基层单位结对，发挥专业特长，帮助贫困区实现"四有"，即：基层教师教学能力有进步，乡村医生诊疗水平有提高，农民群众种养殖本领有增强，基层经营者经营理念有创新。此外，围绕工农业园区发展、企业技术进步、农业产业发展壮大、教育医疗水平提高等热、难点问题，查找制约基层发展的问题根源，形成主题鲜明、分析透彻、针对性强的调查研究报告。

三、返乡创业型人才的技术贡献

返乡创业人才主要是农业企业代表或合作社社长等群体。这些人才携带专业技能返乡，通过重新配置贫困地区劳动力和土地等生产要素，助力贫困地区脱贫攻坚。首先，对于劳动密集型企业，农业企业和合作社组织等通过劳务招工形式，广泛吸纳农村剩余劳动力，通过订单式技能培训模式，重点提高贫困户的就业技能，优先解决贫困户家庭未转移劳动力，提高贫困户的工资性收入，促使其稳定如期脱贫。农业企业和合作社与贫困户并非入企入社合同制管理关系，而是采取"技能传授+订单任务"的劳动模式，贫困户既可以完成订单任务，也可分配时间从事农业生产等其他经营，大幅提高贫困群体的家庭收入。其次，对于资本密集型企业，农业企业或合作社通过抵押贷款形式向银行申请融资，并获得政府专项补助奖励。同时，鼓励贫困户通过土地和基础设施入股分红，实现资源变资产、农民变股民，激活贫困地区"沉睡"的资产效益。最后，考虑到贫困户融入农业企业或合作社经营管理链条中的市场风险较大，政府鼓励合作社等经营主体为贫困户交纳商业或失业保险，增强贫困户抵御企业和合作社市场经营风险的能力，最终实现贫困户脱贫效果的可持续性。

四、本土培育型人才的技术贡献

重庆本土培育型人才主要是指农村致富带头人,他们从农村生产实践发展而来,具备娴熟的农业生产技能,并通过政府组织的技能培训不断提升技术水平,在贫困地区脱贫攻坚中发挥着举足轻重的作用。首先,致富带头人能够积极参加政府组织的技能培训,并广泛参与社会需求型技能培训,捕捉信息及时高效,已经成为贫困地区技术传播的重要推动者。致富带头人来源于农村地区,他们更了解农业产业发展需要的技能,技术获取的目的性更强、实用性较高和效益较好。其次,致富带头人与贫困户的关系网络较为紧密,在农村地区的威望较高,社会信赖感较强,更能够号召、引导和带动贫困户开展农业技术推广和产业发展,实现零散作坊式经营向规模化、标准化和市场化模式转换。最后,培育致富带头人,能够激发脱贫内生动力。围绕主导产业,创建农民田间学校、农业科技示范基地,培育高素质农民。实施"一户一人一技能"培训计划,开展各类技能和养殖技术培训有力促进了农村产业升级和产业带贫减贫。致富带头人充分发挥自身特长,扶持指导2名以上有发展潜力的基层青年人才,通过技术指导、问题研究、培训交流等形式,面对面、手把手地对接指导,提高青年骨干的业务技能和职业水平,让青年人才在实践

黔江区中塘镇双石村第一书记王运洪指导村民管护茶园

中增才干、长本领、挑大梁，达到"以点带面、以面带全、全面开花"的效果，为重庆贫困地区培养一支"不走的专家队伍"。

传帮接带：本土人才的带动贡献

本土人才所发挥的示范和带动贡献是重庆在脱贫攻坚中所探索的一大主要经验，本土人才的逐步回引所带来的示范效应使其在脱贫攻坚中产生了相应的带动能力。

一、带动贫困户脱贫致富

重庆通过坚持招才引智与招商引资相结合，引进龙头企业，带动种植农户、贫困户增收致富，有效助推产业转型升级。首先，通过政府更优惠的政策、更好的创业环境和更广的发展平台，有能力、有业绩、对家乡有感情的本乡本土人才回到重庆贫困地区创业和发展，为集体经济发展注入新活力和新动能。其次，回引人才挖掘在外其他人才资源，创建人才信息交流网络，通过信息共享、技术回乡、智力反哺等方式支持家乡发展。再次，政府在推荐参加各类人才工程、各级劳动模范和先进评选中予以倾斜，确保各类人才回得来、留得住、干得好。最后，通过技术帮扶、项目实施和产业带动，本土人才带动乡亲一起致富，推动重庆乡村特色经济持续、稳定发展，提升重庆贫困地区整体经济发展水平和生活环境质量。

二、发挥人才"头雁效应"

大力实施"智力回引"工程、千名能人兴业计划、"人才兴村"等战略，分层分类开展"菜单式"培训，培育致富带头人、电商经营主体，带动贫困户增收。一方面，推行"乡土人才+"帮扶模式，推行"龙头企业+一般市场主体（农民专业合作社）+农户""人才+产业（项目）+基地+农户""能人+农户""支部+X+贫困户"等生产组织模式和利益联结机制，采取"1+1+X"方式，引导1名乡土人才与1个以上产业（项目）基地和若干名贫困群众结成帮扶对子，通过帮信息、帮技术、帮项目和帮资金等形式，为产业（项目）基地和贫困群众提供信息咨询、技术指导、资金项目等服务和帮助，带动培育产业发展"带头人"，实现乡土人才带动一群、影响一片、造福一方的集群发展效应。另一方面，建立农村致富带头人星级评定奖励补助机制，探索乡土人才扶贫带富的新方法、新途径，设立能人创业发展基金，对带动贫困户脱贫能力强、成效好，达到规模以上企业、专业合作示范社、家庭农场、产业大户和职业农民标准的给予奖励和补偿措施，对在扩大经营规模中缺资金的给予财信担保和贴息政策。本土人才在发展新型农业经营主体过程中得到全方位支持，能够发挥脱贫"头雁效应"，促进脱贫攻坚与乡村振兴的有效衔接。

三、推动扶贫产业发展

重庆重视本土人才培养，把本土人才的发掘、培养工作放到服务经济社会发展的高度谋划部署，着力激发本土人才创新创造活力，在推动经济社会高质量发展中发挥更大作用。首先，通过"精准育才、科学用才、诚心敬才"充分发挥本土人才支撑脱贫攻坚作用，围绕脱贫产业发展计划，以农广校新型职业农民教育平台、产业基地、社区工厂、职业技术学校为载体，采取邀请专家授课、外出观摩学习、一线实验实操等方式，补短板，提技能，大力培育生产型、经营型、技能服务型、技能带动型、社会服务型本土实用人才，着力打造一支懂农业、爱农村、爱农民的千人本土人才队伍，助力脱贫攻坚。深化"有用就是人才,人才就在身边"的新理念,树立鲜明导向,营造重才、爱才、容才的良好环境,激励和鼓励本土人才在带强产业发展、带动群众致富、带领技艺传承等方面建功立业。其次,加强对本土人才的培训力度,对他们进行新思想、新知识和新文化学习培训,把理论知识和丰富实践经验结合起来。加快培育重点行业、重要领域、战略性新兴产业人才,充分发挥本土人才自身特长和技术资源优势,使其快速成长起来,发挥本土人才的示范引领作用,真正实现"培育一个人才、带来一个团队、办起一个企业、兴起一个产业"。再次,加强重点领域、重要岗位急需紧缺人才培养,建立产学研合作培养、订单式培养、"请进来、送上门"培养、实践锻炼等分类分层培养体系。本土人才能够带着群众干,充分利用好网络产业业态,拓宽电商销售平台和直播带货等渠道,打开乡村地区农产品市场销路,增强市场占有率,带动农业经营的多元化、规模化,有力推动农业发展的产业化、现代化和产业结构的现代转型,育好"领头雁",制造区域"影响力"。最后,强化典型引路,积极树标杆、展风采,定期开展评选表彰活动,大力宣传本土人才的先进事迹、带头作用、工作成效,发挥本土人才引领新农村各项创新事业的先锋和模范作用。

四、增强人才服务贡献

首先,完善人才回引机制,健全服务管理机制,为真正助力脱贫攻坚、想在贫困地区干出一番事业的回引人才营造良好环境,提供全方位支持,不断增强本土人才对脱贫贡献的贡献力。其次,扶持壮大村集体经济,成立集体经济组织,安排村集体经济试点资金,强化宣传引导,选送和推介各类人才典型,发挥人才助推脱贫攻坚的最大效应。再次,抓住脱贫攻坚中的关键队伍建设,以真诚换真心,让人才有舞台干事创业,破解发展中的人才瓶颈制约。最后,结合农业现代化建设,统筹

重庆"90后"驻村干部杨夕漫和孩子们在一起

各项扶贫优惠政策，整合农牧、林业、财政、扶贫等部门资源，为乡土人才创业创新提供信贷支持、土地使用、金融服务、项目倾斜等优惠政策，鼓励和引导乡土人才利用特长优势，依托地域特色产业，领办、创办或协办经济实体，努力打造和培育一批规模大、特色鲜、成效显的乡土人才扶贫带富示范基地，开辟贫困群众脱贫致富"绿色通道"。

从重庆本土人才的发展来看，本土人才所发挥的智力贡献、技术贡献和带动贡献已经成为重庆打赢脱贫攻坚战的主要动力。这些本土人才无论从自身的智慧，还是创新、乡村情怀等方面来看都具备一定的能力和素

铜梁区侣俸镇本土人才杨艳指导村干部操作微机

质。本土人才所发挥出来的人才红利成为了重庆打赢脱贫攻坚战的宝贵资源。这些人才资源所发挥的优势不但使贫困地区的产业发展有了奔头，而且这些人才所发挥的示范效应正在逐渐成为重庆在脱贫攻坚过程中所进行的机制创新，有效地解决了脱贫攻坚过程中人才短缺的问题。从重庆的实践来看，这种本土人才的发展首先需要当地政府的引导，在脱贫攻坚工作中，重庆推出了一系列人才新政，这些人才新政的实施从多个方面为本土人才的回流创造了条件。本土人才的回流不但为重庆的脱贫攻坚提供了大量的人才支撑，而且这些本土人才所带来的示范效应和带动效应逐渐成为地方经济发展的重要引擎。重庆本土人才的回流也为很多打算回乡创业的人才提供了非常好的示范，通过前期的带动和引领，很多有计划返乡的本土人才加快了返乡的进程。通过这样的措施，重庆正在通过脱贫攻坚来对人才资源进行有效的分配和整合，反之通过本土人才的回流才能为乡村的长久振兴提供可靠的人才保障。

第四章·总结与展望

人才是推动经济社会发展的第一资源，是农村贫困人口实现稳定脱贫的有效力量，在打赢脱贫攻坚战中具有重要作用。前面诸章分别从重庆市本土人才发展情况，重庆市本土人才与脱贫攻坚关系、作用机制等层面深入细致地描述了重庆市脱贫攻坚过程中回引本土人才的过程、做法与特点，结合重庆市本土人才回引典型案例总结具体经验做法，并归纳和总结了本土人才对于重庆脱贫攻坚的成效。在前面几章的基础上，本章拟从两个层面进行总结和展望：一是明确本土人才在重庆脱贫攻坚中发挥的支撑和引领作用，总结与提炼重庆市本土人才回引的关键经验与启示；二是针对重庆市脱贫攻坚过程中回引本土人才的做法，为本土人才的长远发展提出相应的政策和建议。

回引本土人才对脱贫攻坚的作用

重庆回引本土人才的做法,对当地的脱贫攻坚产生了一定的作用,这些作用主要表现在以下几个方面:

一、激发脱贫内生动力,巩固脱贫成果

党的十九大对坚决打赢脱贫攻坚战提出明确要求。打赢脱贫攻坚战,人才是关键。脱贫攻坚的潜力和后劲在于人才的充分有效运用,内生动力可以从两个层面理解。其一,扶贫开发仅仅依靠外部支持是不够的,贫困村和贫困户是脱贫的主体,要摆脱"等靠要"的思想,积极参与到减贫与发展的过程中,通过自身努力与外部支持相结合,实现脱贫增收。其二,扶贫开发的过程,是帮助贫困地区、贫困社区和贫困人口改善发展环境、提升发展能力的过程,稳定脱贫意味着贫困地区、贫困

社区和贫困人口逐步具备自我发展的能力，实现自我扶贫。重庆市一方面多措并举引进人才，通过本土人才回引，充分发挥人才在脱贫攻坚中的引领、带动、示范和促进作用，形成强有力的人才智力支持，扎实推进脱贫攻坚各项工作；另一方面突出项目推动培育人才，激活乡村人才振兴的内在动力，引导更多的人才智力汇聚到乡村振兴的过程中，巩固脱贫成果，成为重庆市打赢脱贫攻坚战的关键所在。

二、推动从"输血式"转向"造血式"精准扶贫

脱贫攻坚，需要各方力量密切配合，但帮助贫困地区增强"造血"能力，才能使其最终走出贫困。在脱贫攻坚中，返乡就业和创业人员是不可忽视的力量，返乡就业和创业人员有利于缓解农村人才流失问题，带动地区脱贫致富，同时也可推动更多资本、技术、信息等要素向农村流动，为农业农村发展注入强劲动力。重庆市一方面以乡镇为单位每年对本乡本土大中专毕业生、外出务工经商成功人士、复员退伍军人等开展摸底调查，动态更新充实人才库，"点对点"动员回村挂职、创业；另一方面通过培养贫困村创业致富带头人，吸引各类人才到村创新创业，大力实施"本土人才回引"工程，打造

一支"不走的扶贫工作队",有效缓解了重庆市当地脱贫攻坚人才匮乏的问题。重庆市吸引返乡就业和创业人员,充分挖掘本土人才,发挥高层次农业科技人才和高素质农业生产经营人才的引领带动作用,提升乡土人才自身生产经营管理能力,推动乡村产业扶贫。此外,通过产业发展缩小城乡收入差距,从根源上提升乡村对城市人才的吸引力,为城乡要素双向流动打通渠道,产业兴旺刺激人才回流,助推乡村振兴的发展,实现"造血式"扶贫。

三、优化基层组织结构,为脱贫提供组织保障

通过调研发现,在重庆,乡村青年后备人才比例较低,大部分具有发展潜力的优秀干部选择"走出去",而响应国家政策深入农村基层的大学生村官社会阅历浅、基层工作经验少。大学生村官文化素质相对较高,学习新思想、新理论的能力强,可以发挥其优势,使其在脱贫致富中担任重要角色,成为衔接"基层组织"和"脱贫致富"的纽带。为认真贯彻落实习近平总书记关于"促进乡村本土人才回流,打造一支'不走的扶贫工作队'"重要指示精神,重庆市在深入调研的基础上,将加强农村本土人才队伍建设作为长远之计和治本之策。一方面,打破地域与职业的限制,多种渠道广泛招

聘人才、选贤选才、择优录用，充实基层组织，通过定期现场培训、不定期远程培训、外出实地考察等多种途径，不断提高村级带头人的综合素质。另一方面，指导各地大力回引本乡、本土大中专毕业生回村挂职任职、创新创业，为其提供发挥才智的舞台，增强成就感。同时，在大学生村官履职期间，实行绩效刚性考核，在体制机制上使"村官"与"村民"融合，避免大面积"返城回流"现象。重庆市通过回引本土人才，更多的人才留在乡村和流回乡村使得基层力量不断壮大，基层组织结构不断优化。

四、改善农村发展环境，提高基层治理能力

乡村人才引进、培育、使用，关键还要能"留得住"，才能保证乡村的可持续发展。其中，创造良好的人才发展环境是关键。重庆市一方面围绕加快补齐农村人居环境突出的短板问题，加大对水、电、路、气、网等基础设施建设投入；另一方面，地方政府通过各种创新来为人才的引进、培养以及可持续发展做好保障工作，从而留住人才、储备人才、使用人才，同时对本土人才进行关怀，用真心为人才解决生活、工作、家庭各方面的后顾之忧，使人才真正能够感受到温暖，激发人才活力。农村富不富，关键看支部；支部强不强，关键看"头

羊"。基层党组织软弱涣散，发展步履维艰；组织保障坚强有力，发展就会蹄疾步稳。重庆市乡村基层党组织存在干部队伍年龄老化、人员素质偏低、村级组织带头人后继乏力、创业创新能力不强、示范带动作用不明显等问题，影响了当地基层党组织作用发挥。重庆市通过坚持抓党建促脱贫攻坚，强化贫困村基层党组织建设，因村选派第一书记、驻村工作队、大学生村官，选优配强和稳定基层干部队伍，抓好回引本土优秀人才到村挂职、创业，强化驻村第一书记"头羊"效应，提升村级党组织加速引领效能，发挥人才的最大能量，基层党员先锋模范作用和基层党组织战斗堡垒作用不断增强。

回引本土人才长久发展的思考

打赢脱贫攻坚战，需要打造一支包括回流的乡村本土人才在内的"不走的扶贫工作队"，发挥回流的乡村本土人才在脱贫攻坚中的引领和带动作用有利于推动各级党委、政府决策部署的贯彻落实，为贫困地区脱贫攻坚和长远发展注入新动力、提供新动能。为促进乡村本土人才回流，打造一支"不走的扶贫工作队"，加强相关机制建设和提供相关政策支持，集众智、汇众力，让乡村本土人才真正成为打赢脱贫攻坚战的有力支撑还需要在未来的发展中进一步完善各项政策，各方形成合力，促进本土人才的长久发展。

一、增强乡村本土人才服务家乡的自觉

以乡情为桥梁、政策为引领、激励为导向，通过

各种形式的宣传引导,鼓励支持乡村本土人才回流,使其为建设家乡、脱贫攻坚贡献才智,从而获得更好实现人生价值的机会。应增强在外的乡村本土人才对家乡的认同感、归属感,激发他们回报桑梓的热情。宣传好家乡经济发展规划、创业优惠政策、返乡创业项目和发展前景等,帮助乡村本土人才算好"亲情账"和"经济账"。加大乡村本土人才回流创业先进典型宣传,既发挥其示范带动作用,又增强其荣誉感,激励其发扬扶贫济困、守望相助的传统美德,助力打赢脱贫攻坚战。

二、深化人才发展体制机制改革

深入贯彻落实中央、市委关于深化人才发展体制机制改革精神,以改革激发人才活力、释放人才红利。一是完善人才培养机制。坚持需求导向,健全人才教育培训体系。深化教育卫生"三名"工程[1],出台名医、名师专家工作室建设管理办法,发挥高端人才引领示范带动作用。选派科技、教育、文化、卫生等专业人才到农村服务,深化法律人才到村社区担任法治副主任工作,鼓励和支持退休专家人才到基层发挥作用。定期组织各类

---

1. "名师名校名校长"工程和"名医名院名院长"工程。

人才外出培训、学习交流，开展学习活动，每年选派一批党政干部、专技人才到市级部门、对口区县等挂职锻炼，帮助提高业务水平和工作能力。二是改进人才评价机制。结合出台"英才计划"服务卡制度，在人才评价方面进行改革探索，通过采取积分制办法，坚持凭能力、实绩、贡献评价人才，从个人素质、业绩贡献、社会评价等多个维度的得分情况综合评价人才，打破传统的"唯论文""唯职称""唯学历"等人才评价模式。三是创新人才流动机制。对接落实中央、市委关于鼓励和引导人才向艰苦边远地区和基层一线流动的实施意见，健全人才服务基层工作机制，通过深化教育集团、"医联体"、科技特派员下乡等方式，促进教育、卫生、科技等人才服务基层。

三、培育本土人才，激发"存量"潜能

第一，实施新型职业农民培育工程。加大宣传、教育和引导力度，加强涉农院校基础性师资力量建设，优化教学资源开发制度，构建基础扎实、特色鲜明的教学资源体系和精品课程体系，提升教育教学质量。同时，加大财政教育领域转移支付力度，推进涉农院校基础设施建设，改善学校信息化教学水平，打造农民创业孵化器、职业农民基本技能实训基地和新型职业农民田间课

堂，为农民职业素养提升奠定坚实基础。

第二，实施乡村干部和科技人才教育培训工程。一方面，坚持能力培养核心地位，突出干部培训体系建设，培养乡村干部及后备人才；另一方面，坚持以科技能力提升为重点，完善乡村科技人才培训教育机构和社会力量协同参与农业科技人才开发建设。首先，要优化农业科技推广人员队伍，为每个行政村配备 1—2 名农业科技人员来负责村庄农业科技推广，培养越来越多的年轻人参与农业科技服务，使其队伍更加合理化、科学化。其次，将农业科技人员的发展与农业社会化服务相结合，探索采取购买服务的模式来促进体制外的人员参与农业科技推广，从而构建体制内和体制外相结合的农业科技推广队伍。最后，在乡村振兴中针对农业科技推广人员的现实状况，将农民专业合作社、农业协会、农业公司的专业技术人员纳入到农业科技推广的队伍建设中来，从而弥补现有农业科技推广队伍人才欠缺和知识更新滞后的困境。

第三，实施本土人才教育培训工程。一是加强本地人才培育。遵循人才培养规律，针对当地实际，科学制订本土人才培训计划。二是发挥本土人才资金规模使用效应，委托"能人"管理使用，发挥最大经济效益。同时，发挥本土人才人力带动效应和本土人才资源利用效益，既要用好用活致富带头人，形成脱贫攻坚示范效应;也要坚持正确舆论导向,营造脱贫致富良好社会氛围。

四、加强人才引进,发挥"增量"作用

第一,实施人才引进计划。加强宣传,坚持柔性引才、灵活用才、以才引才,营造重视人才、善用人才、培养英才的社会氛围;高标准制定人才引进办法,拓展人才服务基地模式,对于优秀高层次人才,要给予政策奖励、物质扶持、激励措施,在上升空间上给予一定倾斜。围绕打赢"三项攻坚战"[1]和深入实施"十项行动方案"[2]等人才需求,指导部门和乡镇街道精心策划一批特色人才项目,采取年初申报、季度指导、年底评审等方式,

---

1. 一是坚决打好防范化解重大风险攻坚战;二是坚决打好精准脱贫攻坚战;三是坚决打好污染防治攻坚战。
2. 一是实施以美丽忠县为主题的"生态优先、绿色发展"行动方案;二是实施以智能化为引领的"创新驱动发展"行动方案;三是实施以四大产业集群为主导的"特色工业发展"行动方案;四是实施以三大开发为抓手的"特色中等城市建设"行动方案;五是实施以田园综合体为示范的"美丽乡村建设"行动方案;六是实施以全域旅游为方向的"文化旅游业发展"行动方案;七是实施以"大商场、大市场、大流通"为目标的"商贸物流业发展"行动方案;八是实施以新生港为重点的"基础设施建设提升"行动方案;九是实施以开放平台为载体的"库区开放高地建设"行动方案;十是实施以民生福祉为导向的"民生改善和社会治理"行动方案。

切实把人才工作项目化、具体化。一是实施特色产业人才支持计划。二是实施百名硕博人才引进计划。三是深化本籍在外人才回引工程。四是实施乡村人才振兴工程。

第二，大力促进人才创业。充分发挥乡村人才在乡村振兴中的致富带头作用，不断强化乡村创业的产业、技术、金融等支持。大力发展乡村特色产业，通过区域农业产业的品牌化发展吸引人才、使用人才，重点扶持乡村特色产业发展，实施"一县一品""一县一产"等农业产业品牌创建工程，大力发展区域特色农业、品牌农业，促进农村一、二、三产业融合发展。围绕乡村特色产业的发展，做好产业的种植、养殖、加工、销售等各个环节，延伸与做长产业链，形成产业品牌体系，让各类人才在特色产业链上能够找到创业点位。

第三，搭建人才创新创业平台。一是建设科技研发平台。支持企业建设众创空间、孵化器、加速器等新型科技孵化平台，鼓励工业园区、重点企业与市内外高校、科研院所合作建设专家工作站、技术研发中心等创新平台，吸引科研人才及创新团队入驻，加快科技成果转化。二是加大创新创业支持力度。引导行业主管部门加大对本行业系统的人才培训，大力开展创业培训、职业技能培训、农村电商和新型职业农民等各类培训；用好创业种子投资基金，支持创新主体培育、知识产权及科技成果奖励，促进高层次人才回乡创业等扶持政策，支持人才创新创业。三是开展各类人才交流活动。建成人才活动中心，加强对人才活动中心运行管理，采取公益性岗位等措施充实管理人员，依托县科委、县人社局、县团委、县总工会等部门定期组织青年人才交流、创业培训、人才沙龙等活动，为各类人才交流对接提供机会。

第四，强化乡村金融支持。地方政府进一步细化对返乡、创业人员的支持政策，尤其是在就业的岗位设置、行业人员的准入等方面制定更加精细化的政策，根据地区实际发展情况给予创业人员在贷款、税收方面较为科学、合理的优惠政策；在农产品加工用地、乡村旅游开发等方面特事特办、走简易审批程序，对致富带头人带动贫困户建设的规模化种、养殖基地优先解决水、电、路等基础设施，给予担保贷款贴息、农民工返乡创业重点企业贴息、就业扶贫示范车间等政策。同时，为创业人员提供项目运营、市场营销、技术咨询等方面的指导，出台相应政策增加贷款额度和种类，创新贷款品种和模式，解决创业过程中的融资难、融资贵问题，营造创新创业的乡村发展氛围，助力创新创业。

第五，畅通各界人士服务乡村渠道。一方面，实施高校毕业生乡村成长计划，将高校毕业生与乡村振兴战略有机结合，引导毕业生到乡村从事"三支一扶"[1]服务，并在考试、入学、职业晋升等方面提供政策倾斜；在部分涉农高校设置乡村振兴班，采取地方政府与高校合作的方式，对返乡就业、创业的大学生有针对性地开展与乡村振兴相关的技能和理论知识学习培训，从而为乡村振兴培养专业化的人才。另一方面，支持新乡贤、返乡企业人才、医生教师、专家学者等，通过返乡创业、提供资助、咨询服务等多种方式，将新知识、新理念、新技能带回乡村与村民共建共享，更好地服务乡村振兴战略。

五、创新评价机制，释放人才"红利"

破解乡村振兴人才瓶颈，必须创新人才评价新机制，拓展专业发展新活力，增强能力提升新动力。一是突出需求导向人才评价体系。要立足乡村振兴人才缺口及专业需求，优化、完善人才评价体系。既要强化特别紧缺的高层次专业人才定向评价，也要探索乡村振兴中坚层面人才的评价机制，探索建立多层次、多样化的人才评价制度。二是深化分类评价制度。遵循乡村人才发

---

1. "三支一扶"是大学生在毕业后到农村基层从事支农、支教、支医和扶贫工作。其政策依据是《关于组织开展高校毕业生到农村基层从事支教、支农、支医和扶贫工作的通知》（国人部发〔2006〕16号）。

展规律,强调农村各类职业、不同岗位与专业的内涵区别,强化对农民职业能力、工作绩效与道德品质的分类评价,切实制定适合乡村人才发展特点的科学评价标准体系。三是探索农民职称评定制度。建立健全乡土人才技能评价制度,放宽农技应用型人才限制性条件,搭建乡土人才科学评价体系。在乡村振兴中进一步补齐农业科技人员的短板。四是用好人才评价交流制度。搭建乡村人才评价信息管理服务平台,拓展乡村人才信息管理渠道,为乡村振兴提供跨地区、跨专业、跨体制的信息配置与资源支撑。

六、建立健全乡村本土人才服务管理机制

第一,加大统筹协调力度。建立人才领导小组会+"一把手"抓人才工作领导体制,探索人才工作专项述职制度,选取人才工作重点部门向县委人才工作领导小组会、县委常委会等进行述职,压实"一把手"抓"第一资源"责任。贯彻落实中央、市委关于人才工作相关精神,对接上级人才工作要点,结合实际,制定全年各县人才工作要点,做好任务分解。

第二,注重人才工作差异化考核。发挥考核"指挥棒"作用,充分调动部门和乡镇街道抓人才工作的积极性。县级部门重点考核科教兴县和人才强县行动方案任

务落实情况，围绕本系统本行业人才需求实施的人才引进培育、创新创业、服务保障、发展平台等情况；乡镇街道重点考核本土人才培育、在外人才回引、促进返乡创业就业等情况。

第三，提升人才服务水平。一方面，可以结合地方实际，协同当地民政、教育、医疗卫生、财政等部门，制定出台礼遇返乡人才的相关政策，为回乡服务的人才提供相应的健康体检、医疗、交通出行等方面的社会公共服务优惠；另一方面，针对有福利保障的退休回乡服务人才，地方政府可以出面与返乡人才原单位进行协商接洽，制定专门的服务政策，对返乡人才的养老、医疗、住房等福利保障工作进行服务对接，为回引人才提供享受福利待遇方面的便利。此外，地方政府出台相关实施办法，为优秀人才提供创新创业、医疗、子女入学、人才公寓、旅游休闲等服务。建成人才公寓二期并投用，强化人才公寓管理，组织专家人才健康体检，为各类人才提供更多便捷服务。

第四，优化人才环境。一方面，营造良好的乡村干事创业环境。要创造有利于各类人才成长、发挥作用的良好环境，使事业编制、专业技术职称、经济待遇等资源向乡村倾斜，把到乡村基层一线锻炼作为培养干部的重要途径。要营造良好的创业环境，制定人才、财税等优惠政策，进一步深化创新农村集体经济组织改革，允许符合一定门槛的返乡下乡创业人员进入农村集体组织，允许他们在城乡之间双向自由流动。进一步深化农村集体产权制度改革，通过合理规范、有序推进、严格监督，逐步允许已经进城落户的农民将其宅基地和住房转让给返乡下乡创业的"新农人"。另一方面，完善乡村公共基础设施建设。加大乡村公共基础设施建设投入，推进城乡基本公共服务均等化，包括交通、通信、网络、住房、医疗、教育、文化等公共服务内容。推进城乡义务教育一体化发展，加快改造农村电网，提升农村网络保障水平，推进美丽乡村建设，提高返乡下乡人员对乡村公共服务的认可度和接纳度，让他们能够安心留在乡村创业。最后，加大人才工作宣传力度。大力宣传中央、市委关于人才工作的新部署新要求，在各个媒体广泛宣传各单位人才工作新举措新成效和优秀人才创新创业典型，为人才集聚创建良好的舆论和生态环境。

后记

回引本土人才是持续打赢脱贫攻坚战的保障。本书聚焦本土人才返乡助力精准脱贫这一模式，既具有全国普遍意义，又有重庆特色，是习近平总书记精准扶贫讲话的生动实践，在打赢脱贫攻坚战中发挥了重要作用。本书对于巩固脱贫成果、接续推进并扩展脱贫攻坚成果同乡村振兴有效衔接、建立解决相对贫困的长效机制具有重要参考价值，既是讲好中国精准脱贫故事的鲜活素材，也是为全球贫困治理提供的公共知识产品。

本书是由西安建筑科技大学公共管理学院副教授、西安建筑科技大学西北乡村振兴研究中心副主任李博老师与西安建筑科技大学公共管理学院郭荔老师共同完成的。本书共包含四章，第一章由李博撰写，第二章至第四章由郭荔撰写，李博老师修改并审定了全部书稿。本书自谋篇构思到实地调研再到合作编写、修改完善直至最终定稿历时两个月。

在前期调研过程中，李博老师一行得到了重庆市乡村振兴局、黔江区乡村振兴局、武隆区乡村振兴局、武隆区人力资源和社会保障局、武隆区区委组织部等相关部门的大力支持和配合，在此一并致谢。同时也感谢致富带头人简义相、李清华，武隆区赵家乡香房村支部书记黄朝林等多位案例主人公为我们提供的丰富素材。另外，还要感谢国家乡村振兴局中国扶贫发展中心黄承伟主任对本书提出的宝贵修改意见，黄主任在书系编写的框架、结构等方面做了全方位的指导。重庆市脱贫攻坚战的全面胜利离不开这批本土人才的默默付出，团队成员在调研过程中被他们不惧艰难的创业精神、从头再来的无畏勇气、带村致富的坚毅决心、舍小家顾大家的奉献精神所深深感动，希望本书可以感染到更多的读者，让本土人才回引的涓涓细流源源不断。

李博

2021 年 5 月